Zeitkonserven

FRANKFURTER
TRADITIONSGESCHÄFTE

CoCon VERLAG

Konzept **Julia Söhngen und Harald Schröder**
Fotos **Harald Schröder Fotografie**
www.haraldschroeder.de
Texte **Julia Söhngen**
Gestaltung, Satz **.büro e162/Rainer Stenzel**
Gesamtherstellung **NINO Druck GmbH**
Neustadt an der Weinstraße

Gesetzt in **ITC Stone Serif, Cooper Black, DIN**

Erschienen im
CoCon-Verlag Hanau
In den Türkischen Gärten 13
63450 Hanau
Telefon (06181) 177 00
Telefax (06181) 18 13 33
Email kontakt@cocon-verlag.de
www.cocon-verlag.de

ISBN **978-3-937774-88-6**
Zweite Auflage 2010

Gedruckt in Deutschland

ZEITKONSERVEN

Frankfurter TRADITIONSGESCHÄFTE

VON JULIA SÖHNGEN (TEXT) UND HARALD SCHRÖDER (FOTOS)

Ein Wort vorweg

VON JULIA SÖHNGEN UND HARALD SCHRÖDER

Wir befinden uns im Jahr eins nach MyZeil. Ganz Frankfurt ist im Shopping-Fieber. Ganz Frankfurt? Nein! Ein paar wackere Frankfurter kaufen trotz der von Concept-Stores und Shopping-Malls eroberten City in traditionsreichen Geschäften ein, die sich jeglichem Zeitgeist widersetzen.
Wir haben sie gefunden: die kleinen Läden und Handwerksbetriebe, die oft seit Generationen von einer Familie geführt werden und die an Althergebrachtem festhalten, statt mit der Masse zu schwimmen. Hier wird nicht nur einfach bedient: Die Ware wird sorgfältig in Papier eingeschlagen, und obendrauf bekommt man noch einen Rat fürs Leben. Die Geschäftsbetreiber und ihre Kunden kennen sich zum Teil seit Jahrzehnten, man nimmt Anteil am Leben des anderen, hat Zeit für ein Schwätzchen, stellt philosophische Betrachtungen über die Welt im Allgemeinen oder das Leben im Besonderen an. Der Laden ist Lebensmittelpunkt und soziales Kompetenzzentrum, für die Inhaber wie die Kunden gleichermaßen.
Oft wirken die Geschäfte wie aus der Zeit gefallen. Nicht nur, was die Inneneinrichtung betrifft, die nicht selten seit ihrer Gründung unverändert ist. Hier blitzt kein Chrom, hier stehen nicht meterweise Glasregale und hier werden keine Eyecatcher am Eingang platziert. Stattdessen nimmt man sich Zeit für Qualität und Beratung – man fühlt sich dem Kunden verpflichtet. Dieser Mikrokosmos kleiner Läden wirkt in der Metropole Frankfurt wie eine Zeitkonserve, die der Schnelllebigkeit und Kettenmentalität bis jetzt unbeirrt standgehalten hat.
Unser Antrieb für dieses Buch war die Tatsache, dass Frankfurt durch den Siegeszug der Ketten immer mehr sein Gesicht verliert. Die individuellen Geschäfte verschwinden und mit ihnen auch ein Großteil an Originalität und Lebensqualität. Geht man auf der Zeil einkaufen, erkennt man oft nicht, dass man sich hier in Frankfurt befindet. Man könnte genauso gut in der Fußgängerzone von Stuttgart, Köln oder Hannover stehen. Die Innenstädte sind austauschbar, glatt und charakterlos. Einzige Orientierungsmöglichkeit ist noch die Skyline, mit der die Stadt von außen immer in Verbindung gebracht wird. Doch unter diesen Türmen, denen wir ganz und gar nicht feindselig gegenüberstehen, ist Frankfurt viel mehr als die kalte, unwirtliche Bankenstadt. Leider werden die Inseln der Individualisten immer weniger.
Während der Arbeit an diesem Band verschwand wieder einer der altenLäden. Diesmal war es die von uns vorgestellte Burg Drogerie im Nordend. Dennoch haben wir uns entschlossen, sie im Buch zu belassen, weil sie seit fast 100 Jahren ein Anlaufpunkt für viele Frankurter war und ihr Inhaber, der 81-jährige Wolfgang Türschmann, eine Institution. Ihm und allen anderen Porträtierten sei dieses Buch gewidmet. Es ist eine Hommage an die Langsamkeit der Zeit und ihrer Behüter, die sich dem Einheitstrend widersetzen und Althergebrachtes konservieren. Sie sind Traditionalisten im besten Sinn, die sich trotz der modernen Hektik und Schnäppchenmentalität ihre Originalität und ihren Charme bewahrt haben.

Ein Leben im Laden

01 BURG DROGERIE

Manchmal führt der Weg in die Vergangenheit nur ein paar Stufen hinauf. So wie in der Burg Drogerie im Nordend. Sobald man die kleine Treppe erklommen hat und die Ladentür öffnet, fühlt man sich in die 1950er-Jahre zurückversetzt. Ein alter Herr mit weißen Haaren begrüßt einen sogleich sehr freundlich in schönster Frankfurter Mundart. „En wunderschöne guden Tach, Milady, was derf's dann sei?"
Der das fragt, ist Wolfgang Türschmann, der Inhaber höchstpersönlich. 81 Jahre ist er alt, doch trotz seines vorangeschrittenen Alters steht der gelernte Drogist jeden Tag selbst in seinem Laden. Einzige Ausnahme sind zehn Tage Betriebsferien im Jahr. Aber die müsse er machen, sonst sei ihm seine Frau Gudrun gram, sagt er. Die beiden sind seit 50 Jahren verheiratet, und genauso alt ist auch die Ladeneinrichtung. „Nein! Halt! Des stimmt net, die ist sogar noch ein Jahr älter!", korrigiert er sich. Schließlich haben seine Eltern, von denen er die Drogerie übernommen hat, den Laden vor der Hochzeit modernisiert. Obwohl die alte Einrichtung noch wunderbar gewesen sei. „‚Wolfgang', haben sie gesagt, ‚da kommt jetzt eine junge Frau ins Haus, dann schmeißen wir den alten Plunder raus'", erinnert er sich.
Die junge Frau ist längst im Rentenalter, ebenso wie ihr Mann. Aber ans Aufhören denkt der 81-Jährige nicht. „Auch wenn mich meine Frau schimpft, bin ich jeden Tag hier ansprechbar. Das isses ja, gell, Gudrunsche", gibt er zu. So soll es auch bleiben.
„Trotz aller Schleckers und DMs, ich mache weiter", ruft er fast ein bisschen trotzig. Wolfgang Türschmann steht einfach viel zu gern

Bitte denken Sie an:
Klosterfrau
Salbei-
Vitamin C
seit 1959
Schon-Borsten
Die echten Konsul
Bei fettig-glänzender Haut:
Clearasil Gesichtswasser
VIVIL
Solingen

hinter seinem Tresen und plaudert mit der Kundschaft. „Solange ich noch krabbeln kann, mache ich hier weiter." Er lebt für seinen Laden und dieser hält ihn fit, davon ist Wolfgang Türschmann überzeugt. Seine Frau Gudrun hört das gar nicht gern. Trotzdem kommt auch sie jeden Tag die Treppe runter und schaut nach dem Rechten. „Viele Kunden sind es ja nicht mehr", bedauert der gelernte Drogist. „Uns sterben die alten Leutchen weg, und die Jungen sind anders. Die haben doch alle keine Zeit mehr. Die rennen in die Supermärkte. Hauptsache, billig und schnell, schnell", beschreibt Türschmann das veränderte Kaufverhalten.
„Dabei ist der Schlecker gar nicht so günstig. Verschenken tut ja keiner was!" Manchmal erkundigen sich seine Frau und er nämlich, wie es dort mit den Preisen aussieht. „Holzauge, sei wachsam", sagt er. Man muss sich ja schließlich informieren, was die anderen so zu bieten haben.
Die Mutter habe ihm schon vor 30 Jahren geraten, den Laden aufzugeben. Aber das wollte Herr Türschmann nicht. Wahrscheinlich, weil zu viele Erinnerungen an der Burg Drogerie hängen. Zum Beispiel an die Zahnpasta, die sein Vater entwickelte: „Burgdrodont. Burgdrogeriedont hieß die", berichtet der alte Herr. Oder an den Rotwein, der in Fässern geliefert, dann abgefüllt und verkorkt wurde, damit er später verkauft werden konnte. „Aus Chile kam der Wein. Mein Vater hatte immer die beste Qualität, den Liter für 1,60 Mark. Das vergesse ich nie", sagt Türschmann. Heute ist das alles längst vergangen. Vergessen nicht.
„Wir haben am Tag vielleicht 15 Kunden, aber früher war es hier schwarz vor lauter Menschen." Ein Gewimmel, da sei man mit dem Bedienen kaum hinterhergekommen, und doch habe jeder bekommen, was er wollte, und dazu immer ein freundliches Wort. „Das ist wichtig und erhält die Kundschaft." Lange ist es her.
Die Tür geht auf. Ein junger Mann betritt die Drogerie, schaut sich um: „Ich suche ein effektives Reinigungsmittel für Fettflecken. Haben Sie so was?" „Ei, natürlich. Da nehmen Sie entweder Fleckwasser oder Benzin, Waschbenzin. Das träufeln Sie auf den Fleck und dann reibe Sie e bissi. Aber mit Liebe, hören Sie! Mit Liebe! Net so doll, gell?", sagt Wolfgang Türschmann streng. „Dann ist die Sach' geritzt! Sie werden sehen, so werden wir die Flecken schon rauskriegen."
Neben Bedarfsartikeln aller Art bekommt der Kunde von Wolfgang Türschmann auch noch Tipps und Ratschläge für die richtige Anwendung, schließlich weiß der Drogist, wovon er spricht. „Die jungen Leute haben doch oft keine Ahnung, wie sie mit den Sachen umzugehen haben. Da ist keine Oma mehr, die es ihnen erklären könnte." Deshalb erzählt er es ihnen.

Wolfgang Türschmann wickelt das Fläschchen Waschbenzin sorgsam ein. Das Verpackungspapier ist übrigens auch noch von vor dem Krieg. „Was sich in so einem alten Laden noch so alles findet", freut sich der 81-Jährige. „Spannkraft und Frische durch Doktor Schupp Fichtennadelbadezusätze" steht auf dem Papier. „Ob's die Firma wohl noch gibt?", fragt sich Wolfgang Türschmann. „Ich glaub's ja fast net."

Er tippt den Preis für das Waschbenzin in die alte Holzkasse ein. Dann zieht er an verschiedenen Hebeln und betätigt die seitliche Kurbel, damit die Geldschublade aufspringt. „Fünf ist drei, vier, fünf, und fünf sind Tausend", zählt Türschmann das Wechselgeld auf den Tresen. „Also junger Mann, machen Sie Ihre Sache gut!" Wolfgang Türschmann sortiert das Geld des Kunden ordentlich in die Kasse. Dann holt er einen Messingfrosch aus der Geldlade. „Der passt auf die Umsätze auf, schon immer", sagt er und wiegt ihn in der Hand. Die Kasse ist 82 Jahre alt, ein Jahr älter als Wolfgang Türschmann. „Gell, Gudrunsche, das hättest du nicht gedacht, dass du mal so einen alten Mann hast", sagt er scherzhaft zu seiner Frau.

Dann kommt eine Dame, die eine ganze Ladung Mottenkugeln bestellt hat. Die kauft sie auf Vorrat für ihren Vater. Denn wahrscheinlich wird es bald keine mehr geben. Die Mottenkugelmaschine ist nämlich kaputt und der Hersteller will sie ins Museum schaffen, berichtet der Drogist. Und dann? „Ja, das war's dann mit den Mottenkugeln", bedauert Wolfgang Türschmann.

Einen anderen Lieferanten gibt es nicht mehr. Um die Plagegeister loszuwerden, könnte man zwar Paradichlorbenzol nehmen, „die nächstbessere Duftmischung", wie Türschmann weiß. „Verdampft rückstandslos. Des is e sauber Sach'." Doch die Kugeln bekommt man davon nicht zurück. So wie mit den Mottenkugeln ergeht es Herrn Türschmann in letzter Zeit immer öfter mit seinen Lieferanten: „Die geben einfach nach und nach auf. Und wir haben den Salat, weil wir unsere Kunden nicht mehr adäquat bedienen können", schimpft er.

Doch noch ist das Sortiment sehr groß. Schon die Schaufensterauslage gewährt einen Einblick. Vor einem plakatgroßen Foto des Sängers Boy George, den die Türschmanns wohl irrtümlich für eine elegant geschminkte Dame halten, stehen Shampoo, Bodylotions, Sidol – der Spezialist für jede Küche, eine Mäuselebendfalle sowie Renuwell, der Möbelgenerator. Auch im Laden herrscht ein buntes Sammelsurium an Waren. In den dunklen, hohen Holzschränken und den Regalen lagern allerlei Überbleibsel aus längst vergangenen Zeiten, und die Werbetafeln machen Reklame für Produkte, die es längst nicht mehr gibt. „Die haben wir als Dekoration beibehalten", sagt Türschmann.

Eine wirkliche Ordnung scheint es nicht zu geben. Das Piccolöchen steht neben altem Haarfärbemittel, der exklusive Badezusatz neben Eierlikör, Kekse liegen neben Hustenbonbons, Rasierseife, Schokoriegeln und Weinbrand. Doch Wolfgang Türschmann hat den Überblick über sein sehr gemischtes Angebot. „Wir sind eben gut sortiert", sagt er.

In den Wandschränken stehen braune Glasflaschen mit vergilbten Schildern. Wasserstoffperoxid oder Glycerin kann man da lesen. Früher hat der Drogist daraus Cremes, Tinkturen und Pasten gemischt. Und er hat auch noch einen Vorrat an Salzsäure. Es könnte ja mal jemand eine Flasche verlangen. „Eigentlich ist das ein Witz. Denn so eine Flasche braucht man vielleicht einmal im Leben. Das sind doch keine Umsätze." Streng genommen geht es in der Burg Drogerie schon seit ein paar Jahren nicht mehr ums Geld, sondern um den Spaß an der Freud', wie Wolfgang Türschmann sagt. „So soll es noch lange bleiben", wünscht er sich.

LTI 425

Fliegen, Fische, Frankfurt

02 ANGEL BÄR

Dass Bären gute Fischer sind, ist allseits bekannt. Man denke nur an die Grizzlybären in Nordamerika, die in reißenden Flüssen die fettesten Lachse fangen.

Aber auch in Frankfurt gibt es einen Bären, der sich aufs Angeln spezialisiert hat – und das schon seit dem Ersten Weltkrieg. „Wann genau der Laden eröffnet wurde, ist unbekannt. Die Unterlagen sind während des Zweiten Weltkriegs verbrannt. Meine Familie führt die Geschäfte jedoch seit knapp 30 Jahren", sagt Jörg Kraft. Er selbst hat den Laden vor 16 Jahren von seinen Eltern übernommen. „Mein Vater ist ein begeisterter Angler, aber dass er einmal für seine Familie die Brötchen mit seinem Hobby verdienen würde, das hat er sich auch nicht erträumt", erzählt der 40-Jährige. Doch dann habe sich dem gelernten Restaurator 1980 die Gelegenheit geboten, das Angelfachgeschäft in der Braubachstraße zu übernehmen. Und die Chance habe der Vater ergriffen. „In einer Kneipe haben sich mein Vater und der Vorbesitzer per Handschlag geeinigt. Das ging damals noch", sagt Jörg Kraft. Denn damals habe noch das Wort gezählt.

Ihm sei die Entscheidung, in das Geschäft einzusteigen, nicht leicht gefallen, sagt Jörg Kraft. Der gelernte Fernmeldeelektroniker habe sich vor 15 Jahren beruflich verändern wollen. Aber erst das dritte Gespräch mit den Eltern brachte ihn zu einer Entscheidung. „Ich wusste, der Laden ist eine todsichere Sache, ist eingeführt, hat einen festen Kundenstamm. Eigentlich kann nichts passieren. Gleichzeitig wusste ich aber auch, dass der Preis, den man für die Selbstständigkeit zahlt, hoch ist." Die Freizeit wird weniger, man ist stets der Erste und der Letzte im Geschäft. Zumal, wenn man ohne Angestellte arbeitet. „Darüber hinaus können meine Familie und ich im Sommer auch nicht gemeinsam verreisen, denn das ist die Hochsaison für Angler." Der Familienurlaub findet entsprechend erst im Herbst oder Winter statt. Doch der Reiz der Selbstständigkeit habe letzten Endes überwogen. „Ich genieße es immer wieder, mein eigener Chef zu sein", sagt Jörg Kraft.

Nachdem er das Geschäft übernommen hatte, hat er sich immer stärker auf das Fliegenfischen konzentriert. Anders als beim regulären Angeln sitze man dabei nicht am Ufer und warte, bis der Fisch daran hinge, sondern man stehe im fließenden Gewässer oder laufe darin herum und werfe immer wieder die Angel aus, um so die Fische zum Beißen zu bewegen.

Weil man nicht mit Lebendködern – also Maden oder Würmern – hantiere, sei der Angelsport ebenfalls für Frauen interessant, denn die vermeintlichen Fliegen seien künstlich. Auch der Anfang der 1990er-Jahre herausgekommene Film „Aus der Mitte entspringt ein Fluss" mit Robert Redford und Brad Pitt habe dazu beigetragen, dass die Frauen auf den Geschmack gekommen seien, so Jörg Kraft. Ob auf den der Fischer oder den des Fischens, sei einmal dahingestellt. Kraft lässt diese Frage ebenfalls unbeantwortet.
Der größte Unterschied zwischen normalem Angeln und Fliegenfischen sei das Zubehör. „Ein Angler braucht für sein Hobby im Regelfall zwei bis drei Angeln, einen Käscher, einen Gerätekasten, so groß wie ein Werkzeugkoffer, mit verschiedenen Haken, Bleien, Schwimmern und anderen Ködern, und nicht zu vergessen, einen Stuhl", zählt Jörg Kraft auf.
Das sei beim Fliegenfischer anders. Denn da der Fliegenfischer im Wasser stehe und sich in diesem auch fortbewege, reduziere sich die Ausrüstung ganz von allein. „Man braucht nur eine Angel, eine Rolle, Schnur und ein paar Fliegen. Der Rest ist Schnickschnack, der das Leben erleichtert." Wie eine Wathose, die verhindere, dass man nasse Beine bekomme. Oder eine Weste, in der man Zange und Schnur verstaut sowie ein Döschen für die„Fliegen". Die kann man übrigens fertig kaufen, oder aber man stellt sie selbst her. Die künstlichen Köder sehen aus wie Schirmchen von Pusteblumen und sind erstaunlich leicht und fein. Eben so, dass sie schwerelos auf dem Wasser tanzen können. Wie echte Fliegen.
Für alle, die sich ihre Köder selbst basteln möchten, hält Jörg Kraft im hinteren Bereich seines Ladens an einer ganzen Wand eine beispiellose Auswahl verschiedenster Federn und federartiger Materialien bereit. Zart und flauschig hängen sie in Klarsichttütchen. Federn von Pfauen, Marabus, Fasanen, Enten oder Gänsen. Wunderschön bunt anzusehen. „Wir haben nicht nur Fliegenfischer, die sich hier mit Federn eindecken, sondern auch einen exklusiven

Huthersteller und verschiedene Schmuckdesigner", erzählt Kraft. Die Auswahl suche eben ihresgleichen. Zwischen den Federn hängen auch Kaninchenpfoten und die Köpfe von Goldfasanen. Die werden nicht etwa am Stück zum Köder verarbeitet, sondern auch hier interessieren die Fliegenfischer nur die leichtesten, feinsten Segmente des Flaums. Weil es zu aufwendig wäre, diese im Vorfeld von Pfoten oder Köpfen zu lösen, gibt's eben das ganze Stück. Ein klitzekleines bisschen Ekelfaktor bleibt also beim Fliegenfischen erhalten. Und so wirkt die sonst so dekorative Federnwand auch ein wenig makaber. Da sehen die vielen unterschiedlichen Bleie

und Blinker, die die Angler brauchen und die im vorderen Bereich des Ladens viel Platz einnehmen, schon lustiger aus.
Weil die Gemeinde der Fliegenfischer aus der Region immer noch recht überschaubar sei, kenne man sich. Und die meisten träfen sich sowieso in seinem Laden, dem Spezialanbieter auf diesem Gebiet, erzählt Jörg Kraft.

Überhaupt, sein Geschäft – einerseits schätze er die überschaubare Fläche und die familiäre Atmosphäre. Denn eben weil der Laden nur sehr klein ist, sind es lediglich er und stundenweise seine Frau, die hier hinter dem Verkaufstresen stehen. Familie also. Andererseits stelle ihn dieser Mangel an Platz immer wieder vor Schwierigkeiten: „Ich habe wirklich Probleme, das ganze Sortiment unterzubekommen.“ Schließlich hat Kraft allein 1000 Angeln im Angebot. Doch der Laden ist nun einmal, wie er ist. Natürlich spiele er immer mal wieder mit der Idee, umzuziehen und sich räumlich zu vergrößern, „aber dann verwerfe ich das schnell wieder, weil wir hier einfach hingehören“, so der 40-Jährige. Das kleine Fachgeschäft für den leisen Sport mitten in der lauten Stadt. „Außerdem, wie heißt es doch so schön? ‚Lieber den Spatz in der Hand als die Taube auf dem Dach‘ “, sagt Jörg Kraft.

Krautfelder mit Skyline-Blick

03 GÄRTNEREI SCHECKER

Im Teller die Kräuter – ein schönes Bild. Wenn man dann erfährt, dass es sich hierbei nicht etwa um ein Porzellangefäß, sondern um einen Straßennamen in Oberrad handelt, wo der Gartenbaubetrieb der Familie Schecker seit 1926 angesiedelt ist, wird es nahezu poetisch. Zumindest regt es die Fantasie an und lässt einem, wenn man denn will, das Wasser im Munde zusammenlaufen bei dem Gedanken an die Feldfrüchte, die hier gedeihen und die zur Zubereitung verschiedener, nicht nur regionaler Gerichte verwendet werden. Oberrad, das ist die Heimat der Frankfurter Grünen Soße, und die Anwohner tragen den Spitznamen Krautärsche.
Das inspirierte den Pizzabäcker Emilio Cropanese, Inhaber der im Stadtteil ansässigen Pizzeria La Cravatta, zu einer gleichnamigen Pizza: Statt mit Tomaten und Käse ist sie mit Grüner Soße und Kartoffeln belegt. Eigenwillig, aber so sind sie, die Oberräder.
Zurück zur Gärtnerei Schecker. Rainer Schecker ist im Stress. Zwar ist die hektischste Zeit des Jahres, die Tage rund um Ostern, wenn ganz Frankfurt Grüne Soße verlangt, vorüber, doch Zeit zum Verschnaufen bleibt dem 42-jährigen Gärtnermeister nicht.
„Im Frühjahr kommt alles zusammen", sagt er. „Die Saison beginnt im Februar. Da werden die Tomaten ausgesät. Im April müssen die Tomaten angebunden werden, damit sie nicht umfallen, wenn die Früchte wachsen. Parallel ist Grüne-Soße- und Blumenzeit, und die Märkte gehen auch los", zählt er auf. 24 Stunden reichen da am Tag nicht. Er selbst könnte gut zwei bis vier weitere eigene Hände

gebrauchen, um die Arbeit zu schaffen. Da ist es besonders hilfreich, wenn man Leute hat, auf die man sich verlassen kann. So wie Nina Antenucci, die seit 35 Jahren in der Gärtnerei Schecker arbeitet und gerade Lauch, Sellerie, Petersilie und Karotten zu Suppengemüse zusammensortiert. Außerdem gibt es noch Angelo Diblasio, der eben noch im Gewächshaus die Tomatenpflänzchen festgebunden hat. Nun hat er aber seine Arbeit unterbrochen. Es ist Zeit für eine Pause. Aufgetischt werden Tomaten, Mozzarella und Bresaola, ein luftgetrockneter italienischer Rinderschinken. Eine gute, rustikale Vesper. Denn wer viel arbeitet, muss auch ordentlich essen, sonst schwinden die Kräfte. Und das kann man in der Gärtnerei Schecker nicht gebrauchen.

Neben den beiden helfen noch die Familie – Rainer Scheckers Ehefrau Katja und seine Schwester Petra –, während der Sommermonate eine Polin und ein paar Rentner als Aushilfskräfte mit. „Und das war's schon", sagt der Gemüsegärtner. Viel Personal ist das nicht, zumal ja nicht nur 13 Hektar bewirtschaftet, sondern auch noch wöchentlich zwei Märkte beschickt werden: der Stadtteilmarkt in Oberrad und der Erzeugermarkt auf der Konstablerwache. Hier sind die Scheckers mit insgesamt vier Ständen vertreten: einem Gemüsestand, einem Blumenstand, einem für Grüne Soße und einem Milchstand – Rainer Scheckers Schwiegereltern sind Milchbauern. „Bei uns müssen alle mit anpacken", sagt der 42-Jährige, das sei schon immer so gewesen.

Derzeit erwarten Katja und Rainer Nachwuchs. Zwei weitere helfende Hände, auch wenn es noch ein bisschen dauern wird, bis der oder die Kleine mit anpacken kann. Der werdende Vater hat die Hoffnung, dass der Betrieb einmal von den Kindern weitergeführt wird, so, wie er die Gärtnerei vor 15 Jahren von seinen Eltern übernommen hat. „Natürlich will und kann ich das nicht verlangen", sagt er, „aber es wäre schon schön, wenn die Tradition weiterlebt. Schließlich sind wir seit über 1000 Jahren in Frankfurt ansässig",

erzählt er stolz. Urkundlich erwähnt wurde seine Familie erstmals im Jahre 945. Damals seien seine Vorfahren allerdings noch Mainfischer und -schiffer gewesen.

Das mit dem Gartenbau habe sich erst im Laufe der Jahrhunderte ergeben, als die Fischerei nicht mehr so ertragreich war. „Da wurde im Winter gefischt und in den warmen Monaten Gemüse angepflanzt. 1926 hat sich mein Großvater dann ganz auf den Kräuter- und Gemüseanbau spezialisiert."

Seitdem habe sich viel verändert. Als Rainer 1991 Deutschlands jüngster Gärtnermeister im Bereich Gemüseanbau war, brachte er viele neue Ideen in den elterlichen Betrieb. „Stillstand ist Rückschritt, das haben wir damals schon eingebläut bekommen, und es ist richtig", sagt er. Allerdings sei das in einem Familienbetrieb, in dem mehrere Generationen zusammenarbeiten, nicht einfach zu vermitteln. „Mein Vater war zuerst gar nicht damit einverstanden, dass ich nach der Übernahme umstrukturierte. Aber er hat mittlerweile eingesehen, dass das der einzig gangbare Weg war, um weiterzubestehen." Im Unterschied zum Vater, der sich auf den Anbau der Grüne-Soße-Kräuter konzentrierte und damit Großmärkte und Supermarktketten belieferte, hat der Sohn die Gärtnerei wieder breiter aufgestellt. Er wollte sich nicht von einem Abnehmer abhängig machen: „Das ist gefährlich, so einem ist man auf Gedeih und Verderb ausgeliefert. Wenn dem heute dein Gesicht nicht mehr passt, kannst du morgen einpacken."

So werden bei Scheckers nun nicht nur Kräuter angebaut, sondern auch Gemüse, Obst und Blumen, eben das komplette Gartenbauprogramm. Dabei spielt für Rainer Schecker der Direktvertrieb – der Verkauf auf Märkten und im an die Gärtnerei angeschlossenen Hofladen – eine wichtige Rolle. Das sei zwar zeit-, personal- und kostenintensiv, schließlich brauche man Ausrüstung, Fahrzeuge, Anhänger, Kühlanlagen, aber es lohne sich doch: „Man hat den persönlichen Kontakt zu Kunden und kann auf Nachfragen schnell reagieren." Und man könne zeigen, dass in der Bankenstadt noch immer Gartenbaubetriebe existierten. „Von ehemals 200 Betrieben sind zwölf übrig geblieben." Die Scheckers sind einer davon und prägen das Bild von Frankfurt als einer Stadt, die sich zwischen Tradition und Moderne bewegt, mit. „Wo sonst hat man im Petersilienfeld noch Skyline-Blick?", fragt Rainer Schecker und klettert zurück auf den Traktor. Die Arbeit ruft, morgen ist Markt, und die Frankfurter wollen frische Kräuter kaufen.

FLEISCHMANN
KASSE
TRIX EXPR
Esso
Legoartikel bitte im 1. Stock bezahlen
LAGER
DEUTSCHE BUNDESBAHN
KASSE

Ein Haus, zwei Adressen

04 SPIELWAREN MEDER

„Das Haus mit den zwei Eingängen“ wäre ein schöner Titel für einen Gruselfilm. Oder ein Abenteuerspiel. Zumindest davon gibt es bei Meder in Bornheim einige. Denn der Eingang auf der Spessartstraße führt direkt in eines der letzten Spielwarenfachgeschäfte, die in Frankfurt noch zu finden sind.
Dabei fing 1876 alles anders an. Mit einer Spenglerei nämlich, wie sich Franz Steul, der Urenkel des Firmengründers und heutiger Geschäftsführer, erinnert. „Mein Urgroßvater war nicht so sehr Gebäudespengler, sondern konzentrierte sich vor allem auf Haushaltsgegenstände und Dinge des täglichen Gebrauchs.“ Am Wochenende vermietete man etwa Zinkbadewannen, schließlich verfügten früher nur wenige Häuser über ein Bad und samstags war in vielen Familien großer Waschtag. Aber auch Blechspielsachen habe man damals schon im Angebot gehabt. „Aus diesen beiden Komponenten, den Haushaltswaren und den Spielwaren, setzt sich bis heute unser Angebot zusammen“, erklärt Franz Steul.
Während sich die Firma Meder vom Eingang Berger Straße aus auf zwei Etagen – in Untergeschoss und Parterre – auf Haushaltswaren und Geschenkartikel konzentriert, verliert sich der Kunde auf der Hausseite in der Spessartstraße in einem wahrhaften Spielparadies. Selbstverständlich erhält man hier die Klassiker – Barbie, Playmobil oder Lego –, mit denen Kinder seit Jahrzehnten aufwachsen. Aber es gibt auch Spielsachen wie Stelzen, Hula-Hoop-Reifen und Vogelstimmenpfeifen, die anderswo nicht unbedingt zum Sortiment gehören. Dazu zählt der „Dopsch“, wie es auf Frankfurterisch heißt, der gute alte Kreisel, der zu den ältesten Spielzeugen überhaupt gehört und, laut Franz Steul, Kindern bis heute Spaß macht. Von elektronischen Spielzeugen wie Gameboys oder Playstations sei man wieder weggekommen, nachdem man sie für kurze Zeit ins Sortiment aufgenommen hatte. „Das hat sich für uns nicht gerechnet. Denn wir können diese Produkte nicht so günstig einkaufen, wie sie in den Kaufhäusern oder Elektromärkten verkauft werden“, so der Spielefachmann.
Im Erdgeschoss dreht sich alles um Allgemeine Spielwaren, sprich Bälle, Puppen, Zauberkästen, Instrumente, Kuschel- und Plüschtiere, Brettspiele, Babyspielsachen aus Holz oder Plastik, Sammeltiere, Puzzles, Bastelartikel, Kartenspiele und vieles mehr. „Mit unserem Angebot sind wir breit aufgestellt und stehen damit in Frankfurt relativ allein da.“ Denn ein so umfangreiches Sortiment lohne sich wiederum für die Discounter und Kaufhäuser nicht. Spielwaren Meder habe jedoch genau hier die Möglichkeit, sich von deren Einerlei abzusetzen. Entsprechend bunt und laut wirkt das

Erdgeschoss, wo Kinder durch das Spielzeugangebot wuseln. Auf dem Weg ins Obergeschoss wird das schlagartig anders. Schon auf der Treppe kündigt sich der Eintritt in eine völlig andere, akkurate Welt an.

Es ist das Reich von Thomas Schulz, der die Abteilung Modellbau und technische Spielwaren leitet. Ursprünglich habe er einmal Optiker gelernt, erzählt der 43-Jährige, aber irgendwann habe er dann sein Hobby zum Beruf gemacht und bei Meder angefangen. 25 Jahre sei das nun schon her. Allerdings habe das dazu geführt, dass er sich andere Hobbys gesucht habe: „Ich bin den ganzen Tag von Autos und Eisenbahnen umgeben. Da brauche ich das nicht zu Hause auch noch“, sagt er. Stattdessen habe er das Fahrradfahren für sich entdeckt.

In blank geputzten Vitrinen kann man Autos und Eisenbahnen in allen Größen und Preisklassen bewundern, von der Decke hängen Flugzeuge, Helikopter und allerlei anderes Fluggerät. In kleinen Schaukästen stehen Modellautos, und natürlich gibt es auch sämtliches Zubehör, das man braucht, um die perfekte Landschaft zur

Eisenbahn zu gestalten. Vom „Einsteigerset Felsbau“ über Altstadtpflaster, Asphaltstraßen, Miniaturfamilien bis hin zur Wiese in Tüten ist alles zu bekommen, um sich seine eigene kleine Welt zu erschaffen. „Darüber hinaus haben wir eine eigene Werkstatt, die

auch Herr Schulz betreut und die das Herzstück dieser Abteilung ist“, erklärt der Chef und ist merklich stolz, seinen Kunden einen solchen Service im Hause anbieten zu können.
Man setze sich damit ebenfalls von verbliebenen Mitbewerbern und „den Großen“ ab. Dennoch vermag Franz Steul nicht zu beurteilen, wie es mit einem Laden wie dem seinen in Zukunft weitergeht. „Das Spielverhalten hat sich schon extrem verändert.“ Vor 30 Jahren habe noch keiner geahnt, dass der Bereich Computerspiele einmal derart anwachsen werde, dass allein dieses Segment mittlerweile so groß ist wie die komplette Spielwarenindustrie zusammen. „Der PC erdrückt alles, es ist ein regelrechter Zwang, der da heutzutage durch die Spielwelt geht“, sagt Franz Steul mit einigem Bedauern.

Das Angebot von Spielwaren Meder richte sich vor allem an jüngere Kinder. „Solange sie noch nicht so viel mit dem Computer anfangen können, sind sie bestens bei uns aufgehoben. Aber mit neun oder zehn geht es dann spätestens los mit den Computergeschichten.“ Verteufeln will Steul die Games um Himmels willen nicht, auch wenn sie ihm das Leben nicht leichter machen. Er hofft nur, dass sich die Kinder in Zukunft auch noch mit ganz bodenständigen Spielsachen zu beschäftigen wissen. Andernfalls könnte es eng werden für das Unternehmen, das immerhin seit 133 Jahren in Frankfurt ansässig ist und das er selbst vor 34 Jahren übernommen hat.
Zum Spielen komme er selbst nicht mehr so häufig. Ihm gehe es da ganz ähnlich wie seinem Mitarbeiter, dem Herrn Schulz: „Wissen Sie, wenn man den ganzen Tag mit Spielsachen zu tun hat, dann sucht man sich für seine Freizeit andere Betätigungsfelder. Aber meine Frau, die spielt leidenschaftlich gerne. Vor allem Monopoly“, sagt der Herr der Spiele.
Durch seine vielen ehrenamtlichen Aktivitäten bleibe ihm zum Spielen zudem auch kaum Zeit. Denn Franz Steul ist nicht nur Vorsitzender des Bornheimer Gewerbevereins, sondern seit einem Vierteljahrhundert auch leitender Vorsitzender der Turngemeinde Bornheim, und hat den größten Sportverein Deutschlands seinerzeit mit aufgebaut. Dementsprechend mache er auch viel Sport. Bedenkt man aber, dass das ganze Leben ein Spiel ist, dann kann Franz Steul seinem Beruf jedoch niemals untreu werden.

Keine Bethmännchen für Kennedy

05 KONDITOREI HOLLHORST

„Drei Stückscher Radanekuchen, bitte schön!" Sorgfältig und vorsichtig wie eine Kostbarkeit packt der ältere Herr den Kuchen ein. „Schon als Kind hab ich den am liebsten gegessen, aber seit die Mutter tot ist, backt ihn keiner mehr, und mir ist nicht bekannt, dass es Radanekuchen außer beim Hollhorst noch woanders gibt. Jedenfalls nicht so gut." Um seine Lust zu stillen, fährt der rüstige Mittsiebziger zweimal im Monat von Dreieich nach Frankfurt. „Dann hat der süße Zahn wieder seine Ruh", sagt er. Der so gelobte Radanekuchen heißt eigentlich Rodonkuchen. Dahinter verbirgt sich ein Napfkuchen aus gerührtem Hefeteig, mit Sultaninen und Korinthen gebacken und mit Puderzucker bestäubt. Nichts Aufregendes, aber ehrlich im Geschmack.

Genau das scheint das Ausschlaggebende zu sein. „Wir haben viele solcher Kunden", sagt Manfred Anderlohr. Noch. „Vielleicht machen wir in zehn, zwanzig Jahren Rodonkuchen nur noch auf Bestellung. Die Jugend von heute wächst damit nicht mehr auf, und die Gugelhupfesser sterben langsam aus."

Der Konditormeister führt die Konditorei Hollhorst am Römerberg gemeinsam mit seiner Frau Bärbel und Sohn Daniel in der dritten Generation. Und obwohl das Geschäft seit über 50 Jahren in Familienbesitz ist, wirbt man noch immer mit dem Namen des Vorbesitzers. Bei ihm trat Manfred Anderlohrs Vater Georg 1949 eine Konditorenstelle an und übernahm schließlich 1954 den Laden. „Der Name ist in Frankfurt eingeführt, den Hollhorst kennt man hier seit Generationen", so Manfred Anderlohr. „Warum sollten wir die Kundschaft verwirren?" Er selbst wird auch fast überall mit Herr Hollhorst angesprochen. Das stört ihn aber nicht. „Selbst manche Bekannte waren erstaunt, als sie erfuhren, dass das ja eigentlich nur ein Künstlername ist und wir mit bürgerlichem Namen Anderlohr heißen." Ein Leben inkognito sozusagen.

Nicht nur der Name, auch das Angebot ist nahezu unverändert. Gerade das schätzt die Kundschaft: „Man ist doch froh, dass es in Frankfurt überhaupt noch ein Café gibt, in dem man sich nicht wie in einem Aquarium vorkommt und in dem nicht nur so neumodische Ferz angeboten werden, für die man eine Fremdsprachenausbildung braucht", bestätigt eine Kundin. „Ich kann doch nicht damit werben,

KONDITOREI
Hollhorst
...da schmeckt wie in der „guten alten Zeit"
KONDITOREI
Hollhorst
1
Ziehen
EISBOCK
FÜR DIABETIKER
Verschiedene
Konditoreiwaren
aus
eigener Herstellung

dass es hier wie in der guten alten Zeit schmeckt, und dann eine hypermoderne Einrichtung haben", unterstreicht Manfred Anderlohr.

In der übersichtlichen Theke präsentieren sich saftige Nussstriezel, cremiger Bienenstich, gehaltvolle Bündner Nusstorte, herzhafte Linzer Torte, üppige Käsetorte, Obstkuchen aus Hefeteig und allerlei Sahnetorten, die auf Wunsch natürlich auch mit Schriftzug versehen werden. Auf Marzipan und in schönster Konditorenschreibschrift. Wie aus dem Lehrbuch.

„Das Sortiment bestimmt die Kundschaft", sagt der Konditormeister. Deshalb gibt in der Konditorei Hollhorst das ganze Jahr über Bethmännchen. Schließlich kommen nicht alle Besucher in der Weihnachtszeit nach Frankfurt. „Da wäre es schade, wenn die, die uns im Sommer aufsuchen, nicht in den Genuss dieser berühmten Spezialität kämen", findet Manfred Anderlohr. So wie beispielsweise John F. Kennedy, der am 25. Juni 1963 die kleine Konditorei einfach links liegen ließ, um sich im Römer in das Goldene Buch der Stadt Frankfurt einzutragen.

Ab und an gibt's eine Neuerung im Sortiment. „Etwa die Kirsch-Grieß-Schnitten oder die Eierschecke, die wir nach einem Besuch in Dresden wieder aus dem Fundus ausgepackt haben. Aber insgesamt sind wir eher vorsichtig." Den Grundstock bilden die Rezepte des Großvaters, des ersten Konditors in der Familie. Solange Manfred Anderlohr die Geschäfte führt, soll sich daran nichts ändern. „Wenn Daniel mal allein regiert, werden die Karten vielleicht neu gemischt, aber so lange bleibt's, wie's ist." Doch der Sohn scheint diesbezüglich keine Ambitionen zu haben: „Warum sollte ich was ändern? Die Kunden kommen doch gerade deshalb zu uns."

Der 31-Jährige schätzt, was die Familie hier aufgebaut hat. Trotzdem geht er nicht vor Respekt in die Knie, wie er sagt. Mit 13 oder 14 Jahren buk er seine erste Käsesahnetorte, und es war eigentlich klar, dass er ebenfalls die Konditorenlaufbahn beschreitet. Gelernt hat er bei seinem Vater, dem Lehrlingswart der hessischen Konditoren. Wanderjahre gab es nicht. „Woher sollen also Neuerungen kommen?", fragt Manfred Anderlohr. Trotzdem scheint der Sohn nichts zu missen. Für seine Tochter Clara, die gerade ein Jahr alt geworden ist, hat der Juniorchef noch keine Pläne. „Das wäre wohl auch noch ein bisschen früh", sagt Daniel Anderlohr. Obwohl: „Sie hat schon ihre eigenen Backförmchen und auch ihr eigenes kleines Nudelholz." Früh übt sich, was eine Meisterin werden will. Oder soll.

Ibanez
Original Design Guitar Straps
MICHIGAN
Roland
ON TOUR
BLUES CO.

Jamsession im Bahnhofsviertel

06 CREAM-MUSIC
Musikhaus B. Hummel

Einst war das Bahnhofsviertel das Renommierviertel in Frankfurt. Nicht nur die prachtvolle Kaiserstraße mit ihren imposanten Altbauten beeindruckte die Besucher, auch die vielen Fachgeschäfte, die sich hier angesiedelt hatten, machten das Viertel zum repräsentativen Eingang der Stadt.
Später, etwa bis vor zehn Jahren, verbanden Frankfurter und Ortsfremde den Stadtteil jedoch vor allem mit Prostitution, Drogen und Kriminalität. Und auch wenn sich in der Zwischenzeit einiges verändert hat und das Viertel mitten in einer neuen Gründerzeit steckt, kann man nicht leugnen, dass das Rotlicht noch immer die dominierende Farbnuance ist. Doch inmitten dieses Pfuhls aus Tabledance-Bars, Peepshows, Pornokinos, Bordellen, Callshops und Banken ist die Geschichte lebendig, und man kann eine Vielzahl von Geschichten entdecken. So wie die des Musikhauses Hummel in der Taunusstraße.
Das Geschäft besteht seit 1908 und befindet sich bis heute fest in Familienhand, heißt jedoch seit einiger Zeit etwas zeitgemäßer Cream-Music. Gemeinsam mit seinem Bruder Robert und den beiden Cousins Martin und Stefan führt Bernhard Hahn den Laden in vierter Generation. „Wir sind eines der letzten Traditionsgeschäfte, die im Bahnhofsviertel überlebt haben", sagt der Musikalienhändler. Er ist seit Kindesbeinen mit im Geschäft und plant hier auch die Zukunft. Seine und die des Musikhauses. „Einerseits ist die Lage heute ein Problem, weil wir kaum Laufkundschaft haben." Denn bis heute haftet dem Bahnhofsviertel ein bisschen was Verruchtes an. Deshalb war und ist immer mal wieder ein Umzug im Gespräch. „Aber eigentlich bin ich dagegen, weil wir seit nunmehr über 100 Jahren an Ort und Stelle sind." Außerdem sei die Lage des Ladens andererseits perfekt, gerade weil er sich im Bahnhofsviertel befinde: „Wir haben wahnsinnig viele internationale Kunden. Seit Jahrzehnten sind wir in Musikerkreisen ein Begriff, und weil es vom Flughafen bis zum Hauptbahnhof nur ein paar Minuten mit der S-Bahn sind, ist das unser großer Vorteil gegenüber den Mitbewerbern", gibt der 43-Jährige zu bedenken.

Sobald man das Geschäft betritt, spürt man den Geist des Rock'n' Roll. An den Wänden hängen unzählige Gitarren in allen möglichen und unmöglichen Farben und Formen. Hier, mitten auf der Taunusstraße war es, wo deutschlandweit die erste elektrische Gitarre, eine Stratocaster von Leo Fender, verkauft wurde. Ein Instrument, das heute aus der Blues- und Rockszene nicht mehr wegzudenken ist und durch Gitarristen wie Jimi Hendrix oder Eric Clapton extrem populär wurde.

Die lange, massive, dunkelbraune Holztheke ist von oben bis unten mit Aufklebern übersät. „Wir haben bewusst die alte Einrichtung gelassen", sagt Bernhard Hahn. Sie stammt aus den 1950er-Jahren. Auch die alte grüne Kasse, die beim Öffnen knarzt und klingelt, ist ein Relikt aus vergangenen Zeiten.

In der Branche gilt Cream-Music als letzter wahrer Rock'n' Roll-Laden. Und darauf ist Familie Hahn sehr stolz: „Überall wird nach Tradition gesucht. Wir haben sie und behalten sie auch bei", sagt Bernhard Hahn.

Aufgrund des umfangreichen Sortiments, das besonders die nach dem Zweiten Weltkrieg im Rhein-Main-Gebiet stationierten Amerikaner zu schätzen wussten, wurde die Musikalienhandlung weit über die Grenzen von Frankfurt hinaus bekannt. Neue Trends aus den USA wurden aufgegriffen, und alsbald standen richtige Stars in der Musikalienhandlung in der Taunusstraße und kauften hier ihre Instrumente oder Ersatzteile ein. Etwa Frank Sinatra, Sammy Davis Junior oder Elvis Presley. Dessen Gitarre mit dem Aufkleber des Musikhauses B. Hummel befindet sich übrigens heute noch auf

seinem Anwesen Graceland und kann besichtigt werden. „Ich weiß noch, als Bill Haley plötzlich im Laden stand. Abends durften wir Kinder dann mit zum Konzert", erinnert sich Bernhard Hahn. „Oder man kam nach Hause, und da saß Percy Sledge im Wohnzimmer. Da hatte man schon die Idee, dass man auch ins Rampenlicht will", erzählt Bernhard Hahn. Mit zwölf Jahren habe er seine eigene Band gegründet – bis heute tritt er als Sänger auf. Sein Bruder Robert ist Gitarrist und Sänger bei The Roxy Flames und seine Cousins Martin und Stefan spielen bei der Coverband Madhouse Flowers.
Eigentlich sei ihre Situation doch traumhaft, sagt Bernhard Hahn versonnen, „wir haben von morgens bis abends mit Musik zu tun". Zuerst im Geschäft und abends bei den Auftritten. „Besser geht's doch gar nicht", meint er. „Wo sonst kann man sich, wenn gerade mal nicht so viel zu tun ist, einfach mal eine Gitarre schnappen und drauflosspielen?" Musik als Lebensinhalt.
In den Laden seien die beiden Brüderpaare so reingewachsen, und obwohl alle vier sich zuerst anderweitig orientiert hätten, seien sie dann doch allesamt in der Taunusstraße gelandet. Aus Leidenschaft an der Musik und wegen der Familientradition. Und auch wenn der Wandel an allen Ecken und Enden des Frankfurter Bahnhofsviertels zu spüren sei, bedeute dies noch lange nicht das Ende des Musikhauses Hummel.
„Egal, ob Anfänger oder Profimusiker, bei uns steht die richtige Beratung an oberster Stelle", betont Bernhard Hahn. Und trotz des ersten optischen Eindrucks sei man keinesfalls angestaubt, sondern bestens mit der neuen Zeit vertraut. Neben dem Laden haben sich die vier Hahns zwei weitere Standbeine geschaffen: einen Internetshop und den Instrumentenverkauf über das Online-Auktionshaus eBay. „Wir haben die letzten 100 Jahre hier überstanden, warum soll sich da nun etwas dran ändern?", fragt der Musikalienhändler, öffnet die Tür und lässt frische Luft in den Laden.

Nostalgie ohne Risiken und Nebenwirkungen

07 BOCK-APOTHEKE

Puppenstuben-Atmosphäre in Bockenheim: Im kleinsten Haus des Stadtteils befindet sich eine der ältesten Apotheken Frankfurts, die Bock-Apotheke. Sie ist die einzige Apotheke im Frankfurter Raum, die unter Denkmalschutz steht und noch in Betrieb ist. Nicht nur das Fachwerkhaus auf der Leipziger Straße, sondern auch der Verkaufsraum – die sogenannte Offizin – mit seinen unzähligen Messing-Mörsern, gläsernen und porzellanenen Standgefäßen, Schubladen und Schublädchen darf nicht verändert werden. Wie durch ein Wunder überstand das Haus sogar einen Bombenangriff während des Zweiten Weltkriegs unbeschadet, bei dem 138 Menschen in einem Bunker in der Nachbarschaft starben. „Einerseits ist es toll, in so einem besonderen Haus situiert zu sein, andererseits ist es aber auch schwierig, denn man darf nicht einfach etwas umgestalten", erzählt Apothekerin Annette Heinz. Alles müsse man mit der Denkmalschutzbehörde absprechen, sogar die Beleuchtung. „Deshalb hängen hier auch diese furchtbaren Lampen", sagt sie.
Annette Heinz führt die Geschäfte in dritter Generation und ist sehr stolz, nicht nur auf die lange Familientradition – schon ihre Großeltern waren Apotheker –, sondern auch auf die 187-jährige Geschichte der Bock-Apotheke zurückblicken zu können.
Die Begeisterung zur Pharmazie hat die 41-Jährige von ihrem Vater Volkmar und der 1979 verstorbenen Mutter Edith geerbt. Als sich die Eltern 1968 für die Apotheke interessierten, waren sie die einzigen der vielen Pharmazeuten, die den Verkaufsraum so erhalten wollten, wie er war. „Das war mein großes Glück", erzählt Volkmar Heinz. Denn der Vorgänger, Rudolf Pfannmüller, wollte sicher sein, dass die Apotheke in ihrem Zustand weiter besteht. „Da ich aus der Fachwerkstadt Limburg stamme und außerdem eine Leidenschaft für Medizin- und Pharmaziegeschichte habe, ist es mir nicht schwergefallen, ihm dieses Versprechen zu geben", sagt der Seniorchef. Er war damals noch keine 30 Jahre alt, doch durch die Unterstützung seiner Schwiegereltern konnte er seinen Traum von der Selbstständigkeit verwirklichen.
Während im vorderen Bereich alles beim Alten blieb, hielt hinter der Kulisse der Fortschritt Einzug: Nicht nur das Laboratorium wird auf den neusten Stand gebracht, die Bock-Apotheke ist auch eine der ersten in Frankfurt, die Medikamentenbestellungen per Datenfernübertragung aufgibt. „Genau so, wie ich mich für Geschichte interessiere, fasziniert mich auch die Technik. Deshalb war es für mich keine Frage, das neue System zu adaptieren", so der Seniorchef Volkmar Heinz.
Bis heute ist man in der Bock-Apotheke gleichermaßen der Tradition und dem Fortschritt verpflichtet: Dazu gehören beispielsweise die Kenntnis und das Fertigen von Arzneien, Salben, Tinkturen, Medikamentenkapseln oder Tees. „Auch wenn sich das finanziell überhaupt nicht rechnet, halten wir daran fest. Schließlich ist das die ureigenste Tätigkeit des Apothekers", sagt Annette Heinz. Außerdem waren die Heinz' jahrelang die Einzigen, die ein Medikament aus Hanf herstellten, das bei multipler Sklerose oder Aids als Schmerzmittel eingesetzt wird.

BOCK APOTHEKE
GEGR
HEINZ

Annette Heinz wusste bereits als Kind, dass sie Apothekerin werden wollte: „Mir war es schon immer wichtig, dass ich mein eigener Chef bin und meine Zeit frei einteilen kann.“ Außerdem findet sie es schön, den Menschen zu helfen, und da die Ärzte immer weniger Zeit für ihre Patienten hätten, bekomme die Beratungstätigkeit des Apothekers einen immer gewichtigeren Stellenwert. „Wir haben viele Stammkunden. Da erlebt man die komplette Krankheitsgeschichte mit.“ Viele Kunden habe sie schon sterben sehen. „Das ist dann sehr traurig“, sagt die Apothekerin. Dann gebe es Kunden, die einfach nur Zuwendung brauchten. „Die erzählen von ihrem Hund oder auch von den Enkeln, manche haben einfach keine Ansprechpartner und dann sind wir eben da.“ Rundumversorgung für Seele und Gesundheit also.

Seit 1998 arbeitet Annette Heinz in der elterlichen Apotheke mit, die sie seit einigen Jahren allein führt. Ganz einfach sei der Generationenwechsel nicht gewesen, berichtet sie. Sie habe erst mal Ordnung schaffen müssen. Nicht nur im Büro des Vaters: „Mein Vater ist ein liebenswerter Chaot, eine Mischung aus zerstreutem Philosophen und altem Achtundsechziger. Im Büro lagen überall Zeitungsstapel herum oder gepflückte Blumen, die er bestimmen wollte, dann aber doch vergessen hat. Wir wussten, dass wir nicht zusammen arbeiten können.“

Als sie dann auch noch das Büro komplett umgebaut habe, sei er ihr zwei Jahre lang bös' gewesen. Doch die Gemüter haben sich längst beruhigt. Zweimal in der Woche kommt Volkmar Heinz nun in die Apotheke und erledigt kleine Botengänge. Oder wenn die Tochter einmal nicht kann, springt er für sie ein. Gerne mache er das: „Wenn man 40 Jahre lang ein Bockenheimer Gesicht war, kann man nicht so einfach aufhören. Schon allein wegen der Kunden.“ Und es gebe noch immer Menschen, die explizit Wert auf seinen Rat legten, erzählt er nicht ohne Stolz. Um die kümmert er sich besonders gern an seinen Apotheken-Tagen.

Wie es wird, wenn die 41-Jährige einen Nachfolger braucht, weiß sie nicht. „Ich befürchte, dass mit mir die Familientradition aufhört“, sagt sie. Sie habe zwar eine Tochter, doch Julia sei erst knapp ein Jahr alt. „Ich bin ja selbst schuld. Ich habe Julia erst spät bekommen. Aber dann müsste ich noch mehr als 20 Jahre aushalten, bis sie so weit wäre. Will ich das?“, fragt sich Annette Heinz. „Vor allem: Will meine Tochter das?“ Solange es einigermaßen laufe, wolle sie jedenfalls weitermachen, wenngleich sie die Apothekenschwemme auf der Leipziger Straße kritisch beobachte. „Zuerst waren überall Handyläden. Dann kamen die Backshops und heute sind es Apotheken.“ Vielleicht hält sie ja länger durch als andere, schließlich befindet sich die Apotheke im eigenen Haus. Außerdem würden die Leute in der Gegend immer älter und bräuchten eine kompetente Beratung, die sie hier bekommen.

„Und wenn's nicht mehr geht, eröffne ich hier eben eine Kneipe“, sagt Annette Heinz und lacht. „Man muss einfach alles ausprobieren und nicht lange überlegen oder zaudern!“ Das habe sie von ihrer Großmutter gelernt, der sie viel zu verdanken habe. „Die kam zwar nur vom Bauernhof, war aber unglaublich clever.“ Sie habe

das Geld zusammengehalten und den hochstudierten Opa, einen Zauderer, angetrieben.

Im Großen und Ganzen sei sie wirklich gerne in ihrer Apotheke, sagt Annette Heinz, wenn nur die Bürotage nicht wären. Doch das gehöre dazu. „Wenn ich zu Hause schlechte Laune habe, komme ich hierher und es geht mir gut."

Allerdings gebe es auch schwierige Tage. „Die Freitagnachmittage beispielsweise. Wir vermuten ja, dass dann die Verrückten Auslauf haben", erzählt die 41-Jährige. „Viele sind furchtbar gereizt, und manche sind einfach nur skurril." Wie bestellt steht eine leicht zerzaust aussehende Kundin vor dem Tresen. Sie soll für eine Freundin ein Kopfschmerzmittel besorgen. Möglichst schmale Tabletten. „Wisse Se, die, die misch geschickt hat, hat so en dünne Hals und kriegt die normale Pille net enunner." Die Apothekerin bleibt ernst und empfiehlt eine Kapsel. Die könne die Schmerzgeplagte öffnen und das pulverisierte Medikament dann mit viel Wasser einnehmen. Nachdem die Frau den Laden verlassen hat, sagt Annette Heinz: „Manchmal muss man kerngesund sein." Zum Glück bietet ihr Beruf dazu günstige Bedingungen.

Der grüne Daumen der Stadt

08 SAMEN ANDREAS

Gerade einmal 14 Jahre war Nils Andreas alt, als er als Gesellschafter in das elterliche Geschäft aufgenommen wurde. „Das war zwar von der juristischen Warte aus betrachtet problematisch, weil ich noch nicht geschäftsfähig war, aber mit einem Vormund wurde es möglich." Damals trat seine Großmutter mit über 80 Jahren aus dem Geschäftsleben aus. Weil aber die Firma als OHG – als offene Handelsgesellschaft – besteht, müssen immer zwei Personen das Geschäft gemeinsam führen. Nun sind es Vater und Sohn, Wolfgang und Nils Andreas. Senior- und Juniorchef.
Für ihn sei schon als kleiner Junge klar gewesen, dass er einmal den Betrieb übernehmen werde, sagt der heute 33-Jährige. Zumal sich die Eltern immer gewünscht hätten, dass einer der beiden Söhne die Familientradition fortsetzt. „Es hieß zwar immer, wir haben die Wahl, aber so richtig frei in der Entscheidung waren wir nie", so Nils Andreas. Er sei da reingewachsen wie in einen Schuh, der eines Tages passt. Und irgendwo muss das Geld ja herkommen! „Vom Himmel ist bei uns noch nie was gefallen." Doch er habe es auch wirklich gewollt, betont er. Anders als sein Bruder, der lieber eine Ausbildung zum Landschaftsgärtner gemacht habe und nun als Golfplatzmanager arbeite.
Als er gerade so an die Kasse reichen konnte, habe er bereits in dem Samenladen mitgeholfen, und als er dann zählen konnte, habe er nach der Schule oder in den Ferien sein Taschengeld aufgebessert, erzählt Nils Andreas. „Fünf Mark gab's die Stunde, als Anerkennung. Wenn wir die ganzen Sommerferien durchgearbeitet haben, war das richtig viel Geld", sagt er.

Als Jugendlicher sei es ihm manchmal schon peinlich gewesen, der Samen Andreas zu sein. „Das war nichts, womit ich hausieren ging, weil es einfach nicht cool war." Heute sei es zwar auch noch nicht cool, doch sei er jetzt stolz. „Irgendwann kommt der Punkt, da weiß man es zu honorieren, dass die ganze Familie nur für das Geschäft gelebt hat." Ihn freue es, wenn immer mal wieder Kunden erzählten, dass sie schon mit dem Großvater herkamen und ihre Weißkohlsamen kauften.
„Für manch einen habe ich mich ins gemachte Nest gesetzt", sagt Nils Andreas. Dabei sei bei einer so langen Firmen- und Familiengeschichte immer auch Vorsicht geboten: „Das Geschäft existiert seit 1868, und ich will nicht derjenige sein, der den Karren an die Wand fährt." Das wäre bedauernswert. Zumal das 141 Jahre alte Unternehmen die wirtschaftlich harten Zeiten während des Zweiten Weltkriegs und danach überstanden hat. Bis heute ist Samen Andreas, was Pflanzen betrifft, eine Institution im Rhein-Main-Gebiet. Nach den Bombenangriffen auf Frankfurt wurde der Betrieb 1944 nach Bad Salzhausen evakuiert. „Damals wurden die Menschen mit Sonderzügen zum Samen Andreas gekarrt", erzählt Nils Andreas. „Es gab nichts zu essen und die Leute brauchten das Saatgut, um sich ihr Gemüse selbst zu ziehen." 1956 kehrte man wieder zurück an den Main und ist seitdem in der Töngesgasse angesiedelt.
Mittlerweile hat Nils Andreas drei Kinder, denen er tatsächlich freie Wahl lassen will, was den Beruf angeht. Obwohl: „Es wäre schon schön, wenn einer weitermacht." Doch bis dahin ist es noch etwas Zeit. Der Älteste, Paul, ist gerade mal sieben Jahre alt. „Wenn man auch in der Zukunft weiter bestehen will, braucht man nicht nur einen Nachfolger, mindestens genauso wichtig ist es,

Alles für Garten und Feld
HAUPT
KATALOG
1949
Samen-Andreas
BAD SALZHAUSEN
GEGR. 1868 IN FRANKFURT-MAIN

Buschbohnen
Buschbohnen
Buschbohnen
Buschbohnen (Wachs)
Buschbohnen
Stangenbohnen
Prunkbohnen
Prunkbohnen
Prunkbohnen
Prunkbohnen
Stangenbohnen

KIEPENKERL
Levkoje
KIEPENKERL
Levkoje
Benary
Bartnelken
Schleierkraut
Kugelamarant
Benary
Schleifenblumen
Benary
Immortellen

auf dem Laufenden zu bleiben und das angestaubte Image eines Samenhändlers regelmäßig abzustauben", sind sich Wolfgang und Nils Andreas einig.
Dazu gehört etwa, das Angebot immer wieder zu bereinigen: „Seit ich im Geschäft bin, haben wir rund die Hälfte der Artikel herausgenommen, andere werden besonders gepflegt", sagt Nils Andreas. Wie beispielsweise die Ballbrause. Dabei handelt es sich um ein Gartenutensil, das bei Samen Andreas seit Jahr und Tag erhältlich ist und ein wenig an ein Klistier erinnert. „Ballbrausen bekommt man fast nirgendwo mehr. Dabei sind sie vor allem in der Pflanzenaufzucht und bei der Aussaat unverzichtbar, weil man mit ihnen Wasser oder Dünger wunderbar portionieren kann." Für Junior- und Seniorchef gleichermaßen ein absolut schützenswerter Artikel und deshalb nach wie vor im Sortiment.
Wer heute als Traditionsgeschäft neben den unzähligen hypermodernen Pflanzenmärkten eine Chance haben will, muss sich eine Nische suchen. Bei Samen Andreas ist das der Pflanzenschutz. So komme es des Öfteren vor, dass Kunden mit Säcken voller kranker Blätter in den Laden kämen und wissen wollten, was da passiert sei. Der Samenhändler als Pflanzendoktor. „Teilweise sind es ganz einfache Mittel, die die Leute nur nicht mehr kennen. Manchmal muss man aber auch tagelang die Bücher wälzen, um eine Antwort darauf zu finden, warum es der Pflanze nun schlecht geht." Wenn aber nichts mehr hilft, das Gewächs zu viel gegossen wurde oder von Schädlingen befallen war, empfiehlt er seine einzigartigen Rescue-Tropfen. Denn die bestehen aus reinen Spurenelementen und werden vom Juniorchef höchstpersönlich angemischt. „Nach spätestens zwei Wochen geht es der Pflanze wieder gut."
Trotz seines grünen Daumens wollte Nils Andreas nie Biologie studieren. „Für unsere Zwecke ist das viel zu speziell", sagt er. Stattdessen studiert er neben der Arbeit noch Betriebswirtschaftslehre. Denn dieses Wissen kann er für den Laden gut gebrauchen. Allerdings bleibt ihm nur der Winter, um zu lernen. Im Frühling und Sommer herrscht nämlich Hochbetrieb bei Samen Andreas. Dann scheint die ganze Stadt hier ihren Gartenbedarf einzukaufen: Auf der Straße lockt eine Auswahl von knapp 50 Gemüsejungpflanzenarten, dazu kommen Blumenzwiebeln und Körbe. Und wer den Laden betritt, findet hier eine Auswahl an 1200 Sämereien. Von A wie Andenbeere bis Z wie Zwiebel, von lila Möhren bis zu weißen Gurken bekommt man alles, was sich im heimischen Garten oder auf dem Balkon anpflanzen lässt und was das Hobbygärtnerherz begehrt: Dünger, Arbeitshandschuhe, Gartengerätschaften, Erde, Pflanzenschutzmittel, Erde Blumentöpfe ... und natürlich auch Gartenzwerge, wenngleich diese ein bisschen versteckt in einem Regal gelagert werden.
„Eigentlich ist es absurd, dass die Leute in die Stadt fahren, um hier ihre Sämereien zu kaufen", sagt Nils Andreas schmunzelnd. Aber das sei schon immer so gewesen. „Früher gab es rund um die Kleinmarkthalle acht Samenläden, heute sind noch zwei übrig geblieben. Einer davon sind wir", sagt Wolfgang Andreas. Und damit das auch so bleibt, will sein Sohn weiterhin auf Kompetenz, Erfahrung und Wissen setzen – schließlich ist das ein Samen, der in der Familie Andreas seit fast eineinhalb Jahrhunderten aufgeht.

Mexico
500gr. €
Costa Rica
Tarrazu
Milde Sorte
Wiener
Columbia
Hochland
WACKER'S KAFFEE
STETS FRISCH GERÖSTET
ADE
SHARP

Sekunden entscheiden über Tradition

09 WACKERS KAFFEE

68 Kaffeeröstereien gab es in Frankfurt bis in die 1960er-Jahre. Drei sind es heute noch. Eine davon gehört zum Kaffee Wacker. „Café Wacker" sagt in Frankfurt niemand, auch wenn das 1914 von Luise Wacker gegründete Unternehmen jedem Kaffeehaus Ehre macht: ein Caféchen in einem Einzelhandelsgeschäft, wo stets und ständig die Sitzplätze rar sind. Doch das macht nichts. Bis auf die Straße stehen die Leute mittags Schlange. Sommers wie winters.

Margarete Zülch, Seniorchefin und die Tochter der Firmengründerin, kann es manchmal selbst nicht glauben. „Zu mir sagen sie oft, dass sie lieber hier stehen als anderswo sitzen." Es sind Banker, Nachbarn, Studenten, Mütter, Börsianer, Rentner, Handwerker – Frankfurter.

Menschen, die sonst immerfort in Eile sind, kommen hier zur Ruhe, haben plötzlich Zeit und warten auf ihre Tasse frisch gebrühten Bohnenkaffee und ein Lächeln. Denn das gibt es gratis dazu. Sie warten gerne, auch wenn der Genuss manchmal nur zwei oder drei Espresso-Schlucke lang ist, ein Vielfaches weniger als die Zeit, die es dafür anzustehen galt. Doch für den Genuss des vielleicht besten Kaffees der Stadt nimmt man diese Unannehmlichkeiten in Kauf – wobei, wirklich unangenehm ist es nicht. Weil es so eng ist im Wacker, kommt man ins Gespräch. Und hat man es erst einmal zu der kleinen Kaffeetheke geschafft, muss man auch schon wieder den Weg zurück antreten, in den Händen den Kaffee balancierend, um irgendwo draußen einen Platz zu ergattern. Und sei es auf der gegenüberliegenden Mauer des Parkhauses.

Dabei rempelt man unvermeidlich andere Wartende an. Aber auch das scheint niemanden zu stören. „'Tschuldigung, Sorry, Pardon, Verzeihung." So ist es eben im Wacker.

Margarete Zülch hat freilich ihren Platz im Stammhaus. Einen Stammplatz, schließlich ist die 87-jährige Grande Dame der Frankfurter Kaffeeröster bis heute jeden Tag im Geschäft. Den Einkauf und das Rösten der Bohnen hat sie längst ihrem Sohn Hans Walter überlassen, der neben der Rösterei in Fechenheim auch noch die Wacker-Filialen in Bornheim am Uhrtürmchen und im Nordend im Mittelweg führt. Demnächst kommt eine weitere in Frankfurts neuem Stadtteil, am Riedberg, hinzu.

Das Mutterhaus – den Kornmarkt – führt mittlerweile Margarete Zülchs Tochter Angelika Zülch-Busold. Nun ist sie die Seele des Geschäfts, wie zuvor ihre Mutter und die Großmutter, die in Öl gemalt über allem wacht. Die Mutter unterstützt die Tochter, indem sie die Buchhaltung macht, die Kasse zählt und ihr bei der Schaufensterdekoration hilft.

Vor allem aber genießt die 87-Jährige die Atmosphäre in dem Café. Das Klappern der dickwandigen Wacker-Tassen, das Rauschen der

Bohnen, wenn sie in die Papiertüten fallen, das metallische Hämmern, wenn das Sieb an der Espressomaschine ausgeschlagen wird, das Reden der Gäste. So kennt sie es. Von Kindheit an. Schließlich begann hier die Mutter Luise Wacker mit einem Kaffee- und Feinkostgeschäft. Sie selbst habe Kaffee nicht gemocht, sie fand ihn zu bitter, erinnert sich Margarete Zülch. Aber Zählen, das habe sie mit den Bohnen gelernt, und ihr Vater habe ihr beigebracht, dass die Kaffeebohnen so wertvoll wie Perlen seien. Mit der Zeit habe sie auch das Kaffeetrinken gelernt, ebenso wie das Rösten und das Verkaufen, sagt Margarete Zülch und schmunzelt. Zwei oder drei Tassen trinkt sie jeden Tag.

Während des Zweiten Weltkriegs wurde das Haus am Kornmarkt ausgebombt. Man wich nach Bad Soden aus, und als die „Katastrophe Hitler" endlich überstanden war, kam man zurück, beseitigte die Trümmer und eröffnete 1955 neu. Zwei Jahre später richtete ihre Mutter eine italienische Espressobar ein, die erste in Frankfurt, und stellte eine original italienische Espressomaschine auf. „Das war die Attraktion", erzählt Margarete Zülch. Und zog die Leute an, die bis heute geblieben sind.

Sie ist froh, dass sich ihre Kinder Angelika und Hans Walter irgendwann für eine Fortsetzung der Tradition entschieden haben. „Es wäre auch zu schade, wenn das alles aufhörte", findet die alte Dame. Auch ihre älteste Enkelin, die 21-jährige Tochter von Angelika Zülch-Busold, habe durchaus Ambitionen, den Familienbetrieb fortzuführen, wenngleich sie nun erst einmal studiere. Das erfülle sie mit großem Stolz, sagt die Großmutter. „Sie soll sich ausprobieren, soll schauen, was ihr Spaß macht. Denn wenn sie zu früh einsteigt, wird ihr das Geschäft schnell zu klein", sagt die Mutter.

Sie selbst und ihre Mutter kämen gut miteinander aus. „Wir haben das Generationenproblem im Griff", so Angelika Zülch-Busold. Auch, weil sie selbst so diplomatisch und die Mutter sehr weltoffen und großherzig sei.

Dass der Laden viel Arbeit bereitet, bestreitet die Juniorchefin nicht, „aber ich genieße es wirklich hier zu sein". Und sie bekomme viel zurück. „Die Kunden bitten uns täglich, hier bloß nichts zu verändern." Solange sie das Sagen habe, werde sie das auch unterlassen. Ihr Bruder Hans Walter sieht das genauso. Aber er versteht sich ohnehin als Traditionalist – zumindest, wenn es um Kaffee geht. Oder meint er vielleicht Café? Seine beiden Wacker-Filialen sind nämlich auch wunderbare Zeugnisse der Kaffeehauskultur. Das Café am Uhrtürmchen wurde seinerzeit sogar in enger Zusammenarbeit mit dem Denkmalamt hergerichtet, schließlich ist der Laden ein Frankfurter Art-déco-Unikat.
Daneben kümmert er sich um die Rösterei – neben dem Stammhaus das zweite Herzstück des wackeren Betriebs. Dabei greift Hans Walter Zülch nicht nur auf die streng gehüteten Röstrezepturen des Großvaters zurück, nach denen er die Bohnen brennt, sondern bezieht den Kaffee auch zum größten Teil von Plantagen, die der Großvater einst aussuchte. Selbstverständlich ist der Enkel bereits mehrfach dort gewesen. In das Rösten sei er hineingewachsen. Es sei jedes Mal ein erhabenes Gefühl, wenn der grüne Rohkaffee aus dem Lagerraum in die Rösttrommel gepumpt wird und die Bohnen bei 200 Grad erhitzt werden, erklärt Hans Walter Zülch. Zehn bis fünfzehn Minuten dauert dieser Vorgang, von dem man sagt, dass er die Bohnen singen lasse. „Singen habe ich noch keine gehört", so der Röstmeister, „sie knistern eher." Ganz einfach sei das aber nicht. Man müsse schon sehr genau hinhören. Denn erst das zweite Knistern sei das entscheidende, „dann teilen einem die Bohnen mit, dass der Kaffee fertig ist". Höllisch aufpassen müsse man dabei. „Ein bisschen zu lange über dem Feuer und sie sind verbrannt." Es sind nur Sekunden, die über die bekannte Kaffeequalität entscheiden, die seit 1914 den Namen Wacker trägt.

Den Rat für's Leben gibt's zum Fisch dazu

10 FISCHHAUS SCHWARZ

„Von der betriebswirtschaftlichen Warte aus betrachtet, ist mein Laden eine Katastrophe", sagt Wiltrud Haupt, Inhaberin des alteingesessenen Fischhauses Schwarz in Rödelheim. Wer das Fischhaus nicht kennt, entdeckt es nur schwer. Laufkundschaft komme nur selten vorbei, Werbung mache sie nicht, und bei der Ladeneinrichtung habe sie bewusst nur wenig verändert, obwohl sie wisse, dass die so gar nicht dem Zeitgeist entspreche, so die Inhaberin. Aber gerade das sei es ja, was das Geschäft einzigartig mache: Bloß nicht zu modern werden!

Während früher vor allem Fische aus dem Main oder den Seen aus der näheren Umgebung angeboten wurden, ist die Palette heute größer und internationaler. Von Aal bis Zander kann man im Fischhaus Schwarz alles bekommen. Doch ihre Kunden äßen am liebsten Goldbarsch, Seelachs, Kabeljau, Schellfisch oder Steinbeißer. „Rödelheim ist eher traditionell", sagt sie. Doch auf Wunsch und mit rechtzeitiger Vorbestellung kann Wiltrud Haupt auch Papageifisch oder Zackenbarsch problemlos besorgen.
„Die Betonung liegt auf rechtzeitig!" Sie erzählt von einem Kunden, einem „Möchtegern-Bocuse", wie sie sagt, dem am Freitagabend eingefallen sei, dass er ein ganz exotisches Fischgericht kochen wollte, aber leider hatte er vergessen, die Hauptzutat einzukaufen. „Jetzt stand er da und ich habe ihm erklärt, dass ich das beim besten Willen nicht mehr bis zum Samstag besorgen kann. Da stampfte er mit dem Fuß auf und schrie, dass ich es doch einfliegen lassen könnte. ‚Ja', habe ich gesagt, ‚das mache ich, wenn Sie Onassis sind, kein Problem'." Man könne im Fischbereich eben nicht jederzeit und immer alles haben, zumindest wenn der Fisch wirklich frisch sein soll – und das sei ihr oberstes Gebot. „So was erlebt man hier also auch, aber im Großen und Ganzen habe ich hier eine wirklich süße Kundschaft."
Das Geschäft ist eines der wenigen in Frankfurt, in dem die Kunden noch mit Namen begrüßt werden. Der kleine Laden besteht seit 1932, immer an der gleichen Stelle, und ist einer der ältesten Fischhändler der Stadt. „Ich praktiziere hier seit vielen Jahren die Quadratur des Kreises", sagt Wiltrud Haupt. Und die scheint ihr zu glücken. Die meisten ihrer Kunden sind Stammkunden. Manche seit Generationen. Ihre älteste Kundin, die leider vor ein paar Jahre verstorben ist, wurde 105 Jahre alt. „Sie sagte immer, dass sie ihr biblisches Alter nur wegen des Fisches vom Schwarz erreicht hat.

Ob das stimmt, sei dahingestellt. Fakt ist jedoch, dass wir viele sehr alte Kunden haben", erzählt Wiltrud Haupt. Nicht jeder Nachfahr sei darüber glücklich ...

Dass sie einmal hinter der Fischtheke stehen würde, hätte Wiltrud Haupt in jungen Jahren nicht für möglich gehalten. Ursprünglich hatte die kleine Frau mit dem großen dunklen Dutt Jura und Volkswirtschaftslehre studiert, obwohl ihr Interesse eigentlich in der Kunstgeschichte lag. Aus Vernunftgründen habe sie sich dann doch für den seriöseren Studienzweig entschieden. Mit 28 Jahren sei sie plötzlich todkrank geworden und musste ihr Studium aufgeben. Und weil ihre Mutter ebenfalls krank wurde, begriff Wiltrud Haupt es als Wink des Schicksals und übernahm das Familiengeschäft. Sie sei ein Mensch, der sich mit den Umständen anfreunde, die er nicht beeinflussen könne. „Ich ändere die Dinge, die ich ändern kann. Aber das, was ich nicht ändern kann, das nehme ich so, wie es kommt, und versuche, das Beste draus zu machen." So gehört sie nun schon seit 43 Jahren zum Inventar des Fischhauses Schwarz. Zuerst als Aushilfe während der Schul- und Studienzeit und dann in Vollzeit: „In einem Familienbetrieb ist das so, da wird jede Hand gebraucht."

Sie selbst hat keine Nachfolger, zumindest nicht aus der Familie. „Dass das hier so weitergeht wie bei mir, dass die Salate jeden Tag frisch bereitet werden, da muss ich jedem die Illusion rauben, das wird nichts werden", sagt sie. „Wenn man mit Angestellten arbeitet,

geht das nicht. Nur als Ein-Frau-Betrieb kann man das so machen wie ich.“ Sie schaue nämlich nicht auf die Uhr, wie lange sie im Laden stehe. Das sei eben so in der Selbstständigkeit. Dafür hat man andere Vorteile. „Manchmal denke ich, es wäre schon schöner, zu Hause zu sein. Aber dann frage ich mich, was ich da will.“ Entweder voll oder gar nicht im Laden, so sehe sie das. „Ich werde wohl Fisch verkaufen, bis ich in die Grube sinke“, mutmaßt sie.

Bei Wiltrud Haupt gibt es nicht nur Fisch, sondern die Geschäftsfrau steht ihrer Kundschaft bei Bedarf auch mit juristischem Sachverstand zur Seite. „So hat sich mein Studium dann doch gelohnt.“ Auch menschlicher Zuspruch sei des Öfteren gefragt oder Rat in Gesundheitsfragen. Warum das so sei, wisse sie allerdings nicht. Sie habe zwar im naturwissenschaftlichen Zweig Abitur gemacht und sich nebenbei einige Kenntnisse in Medizin und Biologie erworben, aber nur für den Hausgebrauch. Doch nach der Gesundheitsreform seien tatsächlich immer mal ältere Kunden zu ihr gekommen, die dann medizinischen Rat von ihr wollten. „Ich erinnere mich an eine Kundin, die sagte, nachdem ihr der Arzt einige Medikamente aufgeschrieben hatte: ‚Ich hab zu meinem Mann gesagt, ich geh jetzt erst einmal zur Frau Haupt, vielleicht weiß die ein Mittelchen für mich‘ “, erzählt die Fischhändlerin lachend. „Aha, habe ich gedacht, jetzt machen wir auch noch in Medizin, nicht nur in Fisch. Das ist schon manchmal lustig.“

Aber wenn man so lange wie sie an Ort und Stelle sei, dann sei das wohl normal. „Manchmal komme ich mir wirklich eher vor wie eine Beichtmutter oder Bedarfspsychologin und nicht wie eine Fischhändlerin“, sagt Wiltrud Haupt. „Aber wie heißt es doch so schön? Fischkauf ist eben Vertrauenssache.“

KASSE
KASSE
Lehner
RIMONT
TRUCKER

Nicht nur die Einrichtung ist seit 50 Jahren im Laden

11 SCHAMBACH BERUFSKLEIDUNG

„50 Jahre und zehn Monate." Die Antwort kommt wie aus der Pistole geschossen. Die Frage war nicht, wie alt Christa Kolb ist, sondern wie lange sie bereits bei der Firma Schambach angestellt ist. Sie sei direkt nach der Volksschule in das traditionsreiche Fachgeschäft an der Konstablerwache gekommen und habe da ihre Ausbildung zum Einzelhandelskaufmann begonnen. „Die Bezeichnung Einzelhandelskauffrau gab es zu der Zeit noch nicht", erinnert sich die heute 65-Jährige.

Gelernt habe sie noch beim alten Herrn Schambach, dem Vater von Hannelore Schambach, die leider im Januar 2009 verstorben ist. Frau Kolb ist sichtlich berührt vom Verlust ihrer Chefin. „Wir sind alle sehr, sehr traurig, dass sie nicht mehr unter uns ist", sagt sie. Sie zieht die Trauerkarte, die vor ihr auf dem Schreibtisch steht, näher heran. „Das ist sie." Sogleich verbessert sich Frau Kolb. „War sie." Die Karte steht nicht nur im Büro, sondern auch im Verkaufsraum, auf dem niedrigen Regal hinter dem Verkaufstresen. „Bis sie nicht mehr konnte, war die Kasse immer der Platz von Frau Schambach", erzählt Margot Glaser, eine andere langjährige Mitarbeiterin, „so soll es bleiben." Sie sei eine tolle Chefin gewesen. „Sehr sozial, sehr gerecht. Man konnte mit allem zu ihr kommen." Das sei schon bei ihrem Vater so gewesen. „‚Einer für alle, alle für einen' haben wir immer gesagt. Es war etwas ganz Besonderes, hier zu arbeiten", so die 73-Jährige. Bis weit über 80 sei Herr Schambach im Geschäft gewesen. „Das hatte seine Tochter eigentlich auch geplant." Nun sei sie mit 78 Jahren gestorben. „Wir haben so lange zusammen gearbeitet, und als ich ihr mit 61 Jahren sagte, dass ich jetzt in Rente gehe, da hat die Frau Schambach geweint." Zwölf Jahre ist das her,

erinnert sich Frau Glaser. Doch wirklich in Rente sei sie nie gewesen. Nach wie vor habe sie tageweise im Laden gestanden.
Das soll sich nun ändern. So wünscht es sich zumindest ihr Mann, der den Unruhestand seiner Frau nicht mehr länger hinnehmen möchte. „Irgendwann muss mal Schluss sein", sagt die ältere Dame. Außerdem merke sie, dass ihr die Arbeit nicht mehr so leicht von der Hand gehe. Wirklich überzeugend klingt das nicht. „Der Laden ist mein Leben", sagt sie. „Selbst wenn ich im Urlaub war, habe ich immer mal angerufen, um zu hören, ob alles in Ordnung ist. Da ist so eine tiefe Verbundenheit. Wahrscheinlich kann das heutzutage niemand mehr nachvollziehen."
Auch das Verhältnis zu den Kolleginnen sei damals ein anderes gewesen. Von der alten Garde ist neben ihr heute nur noch Frau Kolb übrig geblieben. Die beiden duzen sich – schließlich kennt man sich schon über ein halbes Jahrhundert. Mit den anderen Kolleginnen sind die beiden Damen, obwohl man sich natürlich gut verstehe, aber per Sie.
Obwohl im Hause Schambach vieles nicht mehr so ist wie früher, ist und bleibt manches, wie es schon immer war. Die fachkundige Beratung beispielsweise. Man habe auch schon tolle Kunden im Laden gehabt. Richtige Prominente sogar. Den Professor Grzimek beispielsweise. „Das war ein großer, stattlicher Mann. Im Fernsehen wirkte er immer so klein", erzählt Frau Glaser. Heinz Schenk brauchte Kochjacken für den „Blauen Bock", „und Lia Wöhr kam und kaufte für ihre Mutter einen Strickunterrock". Doch ein ganz besonderes Erlebnis sei es gewesen, als der Sänger Ivan Rebroff im Laden gestanden habe und sich neue Unterwäsche kaufte. „Das war so ein netter, freundlicher Mann! So unglaublich sympathisch, genau wie auf der Bühne", schwärmt sie.
Nichts geändert hat sich auch an der Einrichtung. In meterlangen hölzernen Theken, Vitrinen, Regalen und Schubladen verbirgt sich Berufskleidung. „Vom Arztkittel bis zur Zimmermannshose

bekommen Sie alles bei uns", erklärt Frau Kolb. Nur Richterroben führe man nicht.
Insgesamt habe sich die Berufskleidung während der ganzen Jahre schon sehr stark verändert. Richtig modisch sei sie geworden. So gebe es heute nicht nur weiße Kochjacken, sondern auch graue oder schwarze. Allein die Knopfauswahl sei schon unwahrscheinlich. Von lachenden Gesichtern bis zur Nudel sei alles vorhanden. „Es gibt sogar welche in Form von Hummern, aber die möchte ich nicht zumachen müssen. Das ist ein ganz schönes Gefutzel", sagt Frau Kolb. Dafür seien sie aber sehr hübsch anzusehen. Neben der Berufskleidung gibt es bei Schambach auch noch Socken, Schlaf-

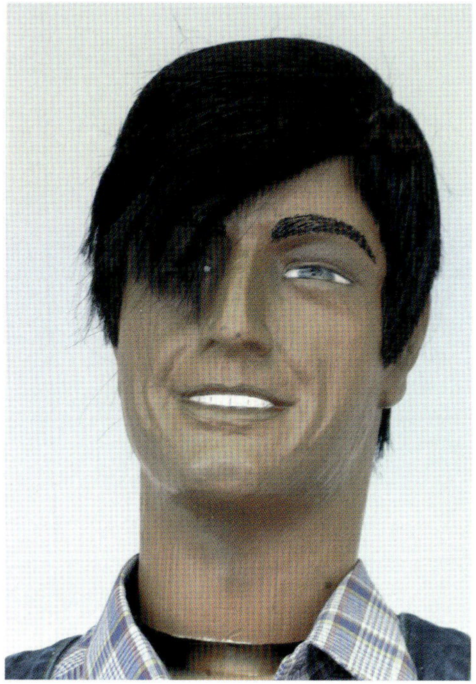

anzüge, Feinrippunterhemden, Nachthemden, Nachtschuhe und gehäkelte Bettjäckchen, damit frau sich nicht den Charakter erkältet, wie es so schön heißt. Selbstverständlich führt man hier auch Damenunterwäsche, „aber elegant, nicht so altbacken, sondern mit Spitze", unterstreicht Margot Glaser. Und auch Kittelschürzen bekommt man hier noch: geblümt, gestreift, uni, mit oder ohne Arm. Obwohl, so Christa Kolb, die Nachfrage hier in den vergangenen Jahren zurückgegangen sei. Dabei seien sie so praktisch, gerade im Sommer. Und so einfach durchzuwaschen. Wirklich praktisch! Aber die Mode ändere sich eben. Und manches komme ja auch wieder. So wie die Vorliebe einiger Architekten für die 1950er-Jahre, wie man am neuen Einkaufszentrum MyZeil sehen könne. Bei Schambach sei die Einrichtung noch original.
Sie selbst sei schon dort gewesen, Rolltreppe gefahren und fand es sehr imposant, erzählt Christa Kolb. Allerdings der Name, der sei irgendwie eigenartig. Denn was sich fast frankfurterisch anhöre, sei ein englischer Begriff. Das sei schon komisch. Sie selbst bemühe sich übrigens nicht, ihre Mundart zu verbergen, sagt Frau Kolb. Schließlich sei das ja nichts, wofür man sich zu genieren brauche. Und es gebe eine Reihe von Kunden, die sich freuten, in Frankfurt noch echte Frankfurter zu treffen. „Die sind nämlich auch selten geworden." Ebenso wie Geschäfte wie dieses.

KRUPS
KRUPS
HALOGENLAMPEN
BATTERIEN
DURACELL
VARTA
HIGH ENERGY

In der Paradiesgasse geht manchem ein Licht auf

12 ELEKTRO LEIBER

Dass sie hier, im Laden ihrer Großeltern, gegründet 1920, stehe, sei nichts Besonderes, dabei denke sie sich nichts. Das sei für sie Normalität. Sie sei bei dem Großvater in die Lehre gegangen, die Mutter habe ebenfalls im Betrieb mitgeholfen, der Vater war im Krieg gefallen. Und dass sie den Laden einmal übernehmen werde, sei für sie selbstverständlich gewesen. 1986 war das.
„Bald höre ich auf. Dann wird hier wohl zugemacht", sagt Renate Wagner ungerührt. Nachfolger gebe es nicht, „und ich kann mir ehrlich gesagt kaum vorstellen, dass sich irgendjemand findet, der den Laden übernehmen will und kann. Denn das kann niemand machen, der nicht über das nötige Fachwissen verfügt. 08/15 geht hier nicht." Davon ist sie überzeugt.
Renate Wagner verdankt ihr Verständnis für die Elektrik ihrem Großvater: „Das war ein toller Mann. Der hat mit mir Reparieren geübt." Und wenn man nur ein bisschen logisches Verständnis besäße, sei es wirklich nicht schwer. Dennoch würden Reparaturen immer seltener. Es kämen nach wie vor noch Kunden zu Elektro Leiber, die ihre Lampe, ihr Bügeleisen oder ihren Toaster nicht einfach ersetzen, sondern lieber zur Reparatur abgeben möchten. „Aber meistens lohnt das nicht."
Einerseits ärgert sich die 63-Jährige über die heutige Wegwerfgesellschaft, andererseits müsse man sich klarmachen, dass sich die Reparatur bei einem Gerät, das unter 150 Euro gekostet habe, wirklich nicht rechne. Sosehr sie das auch bedaure. „Wenn ich erst Ersatzteile bestellen muss, hat es meistens keinen Sinn." Jedoch wollten das gerade ältere Kunden nicht glauben. „‚Aber das Bügeleisen hat doch sonst nichts.' Das mag ja sein, aber wenn ein neues 15,95 Euro kostet und ich für die Reparatur mindestens 20 Euro veranschlagen müsste, dann brauchen wir gar nicht weiterzureden." Doch manche wollten es einfach nicht kapieren: „Die sagen dann, dass sie ihre Socken ja auch nicht wegwerfen, nur weil die ein Loch hätten. ‚Das wird doch auch noch geflickt.'" Renate Wagner zieht die Augenbrauen hinter ihrer Brille hoch.
Das Angebot in dem kleinen Fachgeschäft ist riesig. Hinter dem Stichwort „Elektrik aller Art" verbirgt sich ein buntes Sammelsurium. Von der Puppenstubenlampe über Krippenbeleuchtung bis hin zu Reiseadaptern, Toastern, Badstrahlern, Stehlampen, Bügeleisen, Sicherungen, Schaltern, speziellen Batterien und englischen Fassungen in fünf Wattstärken ist bei Elektro Leiber alles zu bekommen. Komplettiert wird es durch eine schier unerschöpfliche Auswahl an Glühbirnen. Diese bekommt man zwar auch in Bau- und Elektrofachmärkten, „doch die Beratung, die Sie bei mir bekommen, die gibt es da nicht", stellt Renate Wagner klar.

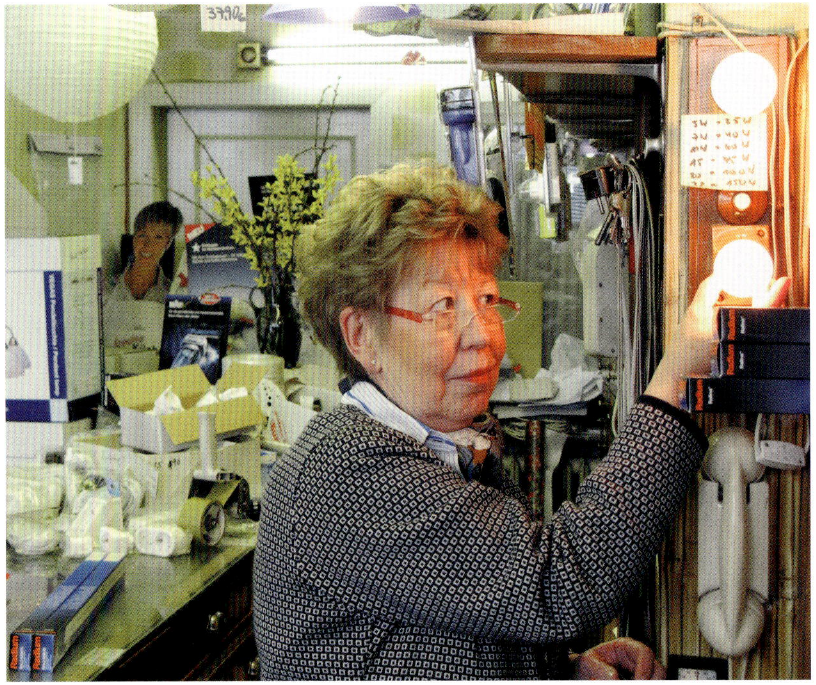

Sie erlebe zuweilen die „dollsten Dinger“, erzählt die Einzelhändlerin. „An manchen Vormittagen spielen wir hier das Frage-und-Antwort-Spiel. Ich soll alles beantworten und am Ende wird die neue Lampe dann doch anderswo gekauft.“ Früher habe sie sich furchtbar geärgert, heute lache sie darüber, sagt die Geschäftsführerin. Und sie erinnere sich immer häufiger an den Leitspruch ihrer Mutter: „Nicht gleich aufregen, erst mal rankommen lassen, und dann können wir uns immer noch aufregen.“ Man werde mit den Jahren gelassener. Das habe sie selbst am eigenen Leib erfahren, so die 63-Jährige. Eines schönen Tages werde es die kleinen Fachgeschäfte mit ihrem Spezialwissen nicht mehr geben, „und dann werden die Gesichter immer länger“, da ist sie sicher. „Doch bis dahin vergeht wohl noch ein bisschen Zeit.“

Immer wieder sei sie darüber amüsiert, wie Herren reagierten, denen nach einer Weile klar werde, dass sie, die Frau, mehr Ahnung von der elektrischen Materie habe. „ ‚Das glaube ich nicht‘, hat mir mal einer gesagt. ‚Ja, warum fragen Sie denn dann?‘ “ Sie vermute, dass es am männlichen Stolz kratze, wenn eine Frau in diesem Bereich wisse, wovon sie spreche. Auch heute noch. „Ich will mich ja nicht selbst loben, aber ich kann wahrscheinlich mehr als so mancher Geselle. Fragen Sie doch mal einen, was eine Kreuzschaltung ist. Das wissen viele nicht. Aber ich“, sagt sie selbstbewusst. „Und ich habe keine Lehre in dem Bereich gemacht.“ Doch nach 40 Jahren im Geschäft habe sie sich eben manches angeeignet. Auf Wunsch montiere sie auch vor Ort beim Kunden: „Dann packe ich mein Köfferchen zusammen und ziehe los.“

In ihrem Laden hängt an langen Ketten eine interessant zu nennende Auswahl an Lampen und Lampenschirmen von der Decke. Manche haben ihren Platz da schon seit einigen Jahren. Aber weil im Wohnbereich ebenso wie in der Mode alles einmal wiederkommt, erlebt manches Modell seinen dritten oder vierten Frühling.

Die Tapete, ein psychedelisches grün-beiges Grafikmuster, und die Bambus-Wandverkleidung hinter der Theke, die man eher in einer trendigen Bar oder einem der angesagten Läden in der Wall- oder Schulstraße erwarten würde, wirken hier – weil sie nie erneuert wurden – unfreiwillig deplatziert. In einem jener Conzept-Stores mit Interior Design wären sie cool.

Ebenso verhält es sich mit Werbeplakaten hoch oben an der Wand hinter der Kasse, die, leicht verblasst, die einst neusten Elektrogeräte von Krups zeigen: eine erstaunlich vielseitige Schneidemaschine und ein Sandwichmaker, der bis heute in Haushalten, die etwas auf sich halten, zu finden sein muss. „Als ich das Geschäft übernommen habe, habe ich nichts geändert, und heute werde ich bestimmt nicht mehr damit anfangen. Hier bleibt alles, wie es ist“, versichert Renate Wagner.

Genauso ist es mit ihrem Verkaufskonzept. „Ich halte von Selbstbedienung überhaupt nichts“, sagt sie. „Erstens ist es hier zu klein. Zweitens wird dann alles aufgeroppt und am Ende kriege ich doch Löcher in den Bauch gefragt.“ Das habe sie sich wirklich nicht antun wollen. Und wenn man wie sie allein im Laden sei, würde man irgendwann den Überblick verlieren. „Ich finde es einfach sinnvoller, wenn ich mich jedem Kunden persönlich widme. Denn wenn man viele Stammkunden hat, muss man die sowieso beraten“, gibt sie zu bedenken.

Außerdem komme man auf diese Weise ins Gespräch und erfahre Dinge, die in einem Geschäft mit Selbstbedienung wahrscheinlich nicht zur Sprache gekommen wären. Wie die Geschichte von dem alten Herrn, der einen Tag, nachdem die Europäische Union die Abschaffung der 100-Watt-Glühbirne beschlossen hatte, bei Frau Wagner stand und ihren Vorrat an diesen Leuchtmitteln aufkaufte. Was er damit wolle, habe sie ihn gefragt. „‚Ach wissen Sie, ich lebe nicht mehr lange, aber jetzt habe ich bis zum Schluss Licht‘, hat er gesagt.“ Natürlich habe sie jede einzelne Glühbirne mit ihrem Apparat, der an der Wand hängt, geprüft. „Bei mir verlässt nichts den Laden, was nicht in einwandfreiem Zustand ist, darauf lege ich größten Wert. Das war schon bei meinem Großvater so.“ Irgendwie beruhigend, dass man sich auf manche Dinge einfach verlassen kann. In der Paradiesgasse 63 ist das so.

Kunst trifft Gummi

13 SCHULZ & SOUARD
Technischer Groß- und Außenhandel

Gummistiefel, Sicherheitsstiefel, zwei komplette Hochregale voll, in Weiß, Rot und Gelb. Nebenan gibt's Wischmops, Regenmäntel und Arbeitsschutzkleidung im Sonderangebot. Und das Gerät, von dem niemand so richtig weiß, wie es tatsächlich heißt, das aber in jedem Haushalt zu finden ist und Verstopfungen aller Art beseitigt – die Gummisaugglocke mit dem Holzgriff, den sogenannten Pümpel. Klaus-Ludwig Schulz kennt die korrekte Bezeichnung: „Pump Fix heißt der Pümpel", sagt der 58-Jährige.
In Sachen Gummi kann Herrn Schulz niemand so leicht etwas vormachen. Schließlich ist er der Enkel des in Frankfurt bekannten Gummi Schulz. Auch heute ist das 1932 gegründete Unternehmen jedem Frankfurter ein Begriff. Auch wer noch nie im Laden an der Galluswarte war, weiß doch, dass er sich dort befindet. Denn an dem Markenzeichen, dem quietschgelben Transportbus, ist wohl schon jeder einmal vorbeigefahren. Ein Werbemittel, das offensichtlich wirkt. Die Idee kam von Klaus-Ludwig Schulz, studierter Diplomdesigner und seit 1991 Geschäftsführer des Familienbetriebs. Eigentlich hatte er mit Gummi so gar nichts am Hut, obgleich er in dem Haus an der Mainzer Landstraße 257 aufgewachsen ist.
Ursprünglich schwebte ihm ein Weg in die Kunst vor. Schon während des Studiums handelte er mit Kunst und Antiquitäten. Allerdings gab der Markt Mitte der 1980er-Jahre nach und so stieg Schulz in das Unternehmen ein. „Zuerst kümmerte ich mich noch halbtags um die Kunst. Doch irgendwann setzte ich meinen beruflichen Schwerpunkt."
Bereut habe er es jedenfalls nicht. „Das kann man so nicht sagen. Vielmehr ist es eine Grundsatzfrage, ob man sich für das Richtige entschieden hat oder nicht." Hadern könne man immer, findet er, „aber dann kommt man nicht weit". Außerdem sei er nie aus der Kunstszene ausgestiegen. Er kuratiert viele Ausstellungen, unter anderem für die Frankfurter Sparkasse, die Schirn oder das Museum Giersch, macht Kalender, unterstützt die Bildhauerwerkstatt Frankfurt, ein Projekt, das sich um straffällig gewordene Jugendliche kümmert, und ist als künstlerischer Berater in vielen Bereichen tätig. Übrigens sei er auch Spezialist, wenn es um Frankfurter Künstler des 20. Jahrhunderts gehe, „um nicht zu sagen die Number One".
In seinem Büro und auf der Chefetage hängen daher allerlei bedeutende und unbedeutendere Werke. Skulpturen stehen in den Fluren, und an den Wänden lehnen Bilder, teilweise verpackt, und warten darauf, wiederentdeckt zu werden. Denn als Nachlassverwalter betätigt Herr Schulz sich obendrein.

GROSSHANDEL
SCHULZ & SQUARD
GUMMIWAREN
GROSSHANDEL

Es sind zwei Welten, zwischen denen er sich bewegt und die er – auf den ersten Blick unvereinbar – doch zusammenbringt. So steht im Verkaufsraum vor dem Kassenhäuschen ein Aufsteller mit Prospekten, die für Atemschutzmasken, Gummidichtungsmatten und -platten, Schmutzmattensysteme, Keilriemen oder Dichtungsprofile werben. Einträchtig daneben weisen Flyer auf die Veranstaltungen des Kulturkreises Georg Heck hin. Denn dem sitzt der Kunstsachverständige Klaus-Ludwig Schulz darüber hinaus vor.
Der Weg von der Kunst an die Galluswarte sei auch nicht ganz so weit, denn er habe ja an der Offenbacher Hochschule für Gestaltung studiert, und da werde in erster Linie Angewandte Kunst gelehrt. Als er hier eingestiegen sei, habe er erst einmal den optischen Auftritt der Firma verändert.
„Hinter dem Diplomdesigner verbirgt sich nämlich ein Werbefachmann."
So war es eine seiner ersten Taten, das Firmenlogo zu modifizieren, denn das ursprüngliche – ebenfalls mit zwei großen S – habe ihn einfach zu sehr an die SS-Runen erinnert.
Die Flyer und Werbemittel gestaltet er selbst, er betreut den Onlineshop des Unternehmens, über den mittlerweile die meisten Kunden generiert werden, und schießt dafür die Fotos in seinem im Haus befindlichen Fotoatelier. Die Grafikerin, die die Werbemittel setzt, nenne ihn den Mückenschisser, erzählt Klaus-Ludwig Schulz, denn er habe eine unglaubliche Schwäche für Typografie und nehme es entsprechend genau mit der ästhetischen Umsetzung. Auch wenn die zu bewerbenden Produkte oft einen künstlerischen Aspekt vermissen lassen. „Aber gerade dann kann man sie doch entsprechend präsentieren", findet er.
Gummiwaren aller Art, seit 1932 dreht sich bei Schulz & Souard alles darum. Von der Atemschutzmaske bis zum Weinschlauch ist hier wirklich alles zu

bekommen. Doch der Schwerpunkt des Geschäfts habe sich beim Gummi Schulz ganz klar vom Universalisten zum Spezialisten verlagert. Nur so könne man auch in Zukunft weiter bestehen. Denn mit den Baumärkten könne und wolle man nicht konkurrieren.

Deswegen lasse er das Gummistiefel- und Arbeitskleidungssortiment langsam sterben, denn das bekomme man überall. Im Jahr neun nach der Jahrtausendwende konzentriere sich Schulz & Souard auf solche Produkte, die im Verkaufsraum nicht zu sehen seien, sondern in großen, teils unterirdischen Lagern auf die Kundschaft warten: „Wir verdienen heute unser Geld in erster Linie mit Dichtungsprofilen, Keilriemen und Schläuchen.“ Auch was Tür- und Fensterdichtungen betrifft, ist sein Unternehmen führend.

Das meiste werde übers Internet bestellt. Der Laden sei eigentlich nur noch „museale Show“, so Klaus-Ludwig Schulz. Aber eine, die die Kunden schätzten und die einen groben Kontrast zu dem darstelle, was sie im Baumarkt erwarte. Wiederum ein Werbeschachzug. Dementsprechend habe er an der Einrichtung kaum etwas verändert. Er holt eine Mappe mit Fotos von früher hervor. Ein Bild zeigt eine Szene von der Wiedereröffnung am 6. Dezember 1948 – Schulz & Souard wurde während des Zweiten Weltkriegs gleich zweimal ausgebombt. Man sieht eine Menschenmenge, die sich vor der Theke drängt. Zur Einweihung der Räumlichkeiten war damals sogar der Herr Pfarrer dabei, „seine hohe Geistlichkeit“, sagt Klaus-Ludwig Schulz ein bisschen spöttisch. Ob es an dem Segen des Priesters oder dem Werbeverstand von Klaus-Ludwig Schulz liegt, sei einmal dahingestellt – jedenfalls kann das Unternehmen in Kürze die Feierlichkeiten zum 80-jährigen Bestehen des technischen Handels begehen. Wenn das mal kein Grund zum Feiern ist. Und wieder ein schönes Thema, das es zu vermarkten gilt.

Tante Emma lebt

14 LEBENSMITTEL KLAUS BECHER

„Wurst, Backwaren, Milch“ steht auf dem Schild über dem Eingangsbereich des kleinen Lebensmittelladens in der Hamburger Allee in Bockenheim. Seit wann es da hängt, weiß man nicht so genau, sehr wahrscheinlich aber seit den 1950er-Jahren. Das war die Zeit, als in Deutschland die ersten Supermärkte aufkamen. Von damals stammen auch die Miniatur-Einkaufswagen, die bis heute direkt neben der Tür auf Kunden warten, um diesen den Einkauf zu erleichtern. „Bis auf ein, zwei ältere Damen benutzt die eigentlich niemand mehr. Aber weil sie zum Inventar gehören und so hübsch aussehen, bleiben sie dort stehen“, sagt Klaus Becher.
Überhaupt ist bis auf wenige Kleinigkeiten die komplette Ladeneinrichtung des Geschäftes so geblieben, wie er schon früher ausgesehen hat. „Das liegt uns sehr am Herzen. Außerdem kommen die Leute ja auch gerade wegen dieses Flairs zu uns. Wer 08/15 möchte, der geht in die großen Supermärkte, bei uns wird noch bedient.“
Der 59-Jährige führt das Geschäft seit 1989. Ein Jahr zuvor waren

Gebäck
Fleischwurst
100 g
mit Phosphat
1,30 €
Schnitzel
mit Kaiserbrötchen 2,70 €
Senf oder Ketchup 2,80 €
Salate
Nudel, Kartoffel, Eier oder Gemüse
Portion
1,60 €
Rindswurst
mit Kaiserbrötchen, Senf oder Ketch-up 2,00 €
Salatbrötchen (Kaiserbr.)
Wurst
Wurst
Käse
Tonkuss Cocos
Milka
ALLES GUTE
NEU
CORNY +Frucht
SAMBA
12 Mega choko
Nudelsalat versch. Sorten
Kartoffelsalate verschieden
Gurkensalat, Karottensalat
Krautsalat, Eiersalat
Wurstsalat Käsesalat
Paprikasalat, Fleischsalat
Reissalat
je Becher 1,60 €

er und seine Familie aus der DDR ausgereist und nach Frankfurt gekommen. Ursprünglich stammen die Bechers aus Aue in Sachsen. Deshalb ist der Ausdruck „Wir gehen zum Sachsen" unter den Schülern der angrenzenden Schule ein feststehender Begriff, wenn sie das Lebensmittelgeschäft meinen. Aber das mögen die Bechers gar nicht: „Wir leben schon so lange in Frankfurt, da spielt es doch keine Rolle, woher wir kommen, oder?", fragt Karina Becher, die 37-jährige Tochter des Hauses. Allerdings lässt sich trotz der 20 Jahre die Heimat der Bechers nicht verleugnen. Denn alle, bis auf die zehnjährige Linda, die Tochter von Karina Becher, haben sich ihren liebenswerten sächsischen Akzent bewahrt. Trotzdem: Zu Hause, das sei Frankfurt. „Wir haben es nie bereut, dass wir ausgereist sind. Und der Laden macht auch nach den ganzen Jahren noch Spaß." Und das, obwohl die Bechers morgens schon um halb vier aufstehen müssen. Früher Vogel fängt den Wurm. „Dafür geht abends um siebene das Licht aus."

Jeden Tag, außer Sonntag, stehen Vater und Mutter Becher sowie Karina und drei Aushilfen und Angestellte in frisch gestärkten Kittelschürzen ab kurz vor 5 Uhr im Lädchen, wie sie ihr Geschäft liebevoll nennen. Da wird Salat geschnippelt, Joghurt mit Früchten zubereitet und alles getan, was noch zu erledigen ist, bevor um sieben die ersten Kunden vor der Tür stehen. „Frühmorgens sind es vor allem Schüler und Büroangestellte, die lassen sich dann von uns ihre Pausenbrötchen schmieren", so Klaus Becher. Die liegen dem gelernten Bäckermeister ganz besonders am Herzen. Deshalb kann man sich hier auch nach Lust und Laune seine Brötchen zusammenstellen lassen. „Ob viel, wenig oder gar keine Butter, mit oder ohne Gurke, mit Wurst, Käse oder Wurst und Käse, es ist alles möglich", sagt der Chef. Die Auswahl an Aufschnitt und Käse oder die kalten Schnitzelchen lassen aber auch wirklich nichts zu wünschen übrig, und die Vielfalt an Brötchen könnte in einer Bäckerei kaum größer sein.

Obwohl der Laden recht klein ist, sucht das Angebot seinesgleichen: Außer den täglich frisch zubereiteten Lebensmitteln gibt es noch Präsentschachteln mit Pralinen, Kaffee oder Tee und allerlei Süßigkeiten. Dazu kommt ein umfangreiches Sortiment an Toilettenartikeln aller Art. Neben Duschgel, Shampoo und Seife finden sich Putzutensilien, Geschenkpapier, Kondensmilch, frisches Obst, Grußkarten und, und, und – eben alles, was ein veritabler Supermarkt zu bieten hat. Nur eben in einem überschaubaren Rahmen. Klaus Becher umschreibt es so: „Wir haben von vielem etwas." Für die Schüler hält man selbstverständlich auch Hefte, Stifte und Tinte bereit. Und obendrauf gibt es für alle immer ein nettes Wort. „Wir sind gerne zu Diensten", erklärt Klaus Becher. „Das liegt in der Familie." Schon sein Großvater sei mit Leib und Seele Händler gewesen. „Den Bechers waren Kunden immer gerne willkommen. Und das ist bis heute so." Eine familiäre Vorbelastung sozusagen. Eine Stammkundin aus der Nachbarschaft, Hilde Wenzel, bestätigt dies: „Bei Bechers ist immer eine herzliche Atmosphäre", sagt sie.

„Man merkt, dass alle, die hier arbeiten, mit Herz und Verstand bei der Sache sind.“ Das sei bei den Vorgängern ganz anders gewesen. „Da hatte man immer das Gefühl, dass man stört. Die waren regelrecht beleidigt, wenn man etwas kaufen wollte“, erinnert sie sich. Nicht gerade die günstigste Voraussetzung für ein Einzelhandelsunternehmen. „Ach, Herr Becher, wenn doch nur alle so wären wie Sie“, seufzt Frau Wenzel. „Hier kann ich sogar anschreiben lassen, wenn ich mal meinen Geldbeutel vergessen haben sollte. Wo gibt's denn so was noch? Der einzige Nachteil ist, dass es manchmal gerammelt voll ist.“

Damit sich die Kunden noch ein bisschen wohler fühlen, gibt es immer mal wieder Verkostungen, die die zehnjährige Linda mit Hingabe durchführt. Wenn beispielsweise eine neue Schokoladensorte auf den Markt kommt, stolziert das Mädchen mit einem kleinen Tablett durch das Lädchen und fragt höflich, ob man nicht mal versuchen wolle, schließlich sei die Schokolade sehr zu empfehlen. Erlebniseinkauf auf kleinstem Raum.

Seit Linda eineinhalb Jahre alt ist, ist sie jeden Tag mit im Geschäft. Früh morgens fährt sie mit ihrer Mama und den Großeltern von Sulzbach, wo die Familie wohnt, nach Frankfurt und wartet, bis die Schule beginnt. „Ab und zu mache ich dann noch Hausaufgaben, aber meistens helfe ich mit“, sagt sie. Beispielsweise klebt sie Preisschilder auf Joghurtbecher oder Salate. So ist das eben in einem Familienbetrieb, da wird jede Hand gebraucht. „In den Ferien darf ich auch manchmal an der Kasse sitzen und kassieren“, erzählt sie stolz. Das übt nicht nur im Kopfrechnen, sondern auch im Umgang mit den Kunden.

Das sei wichtig, schließlich wolle die Zehnjährige das Lädchen ja auch einmal übernehmen, sagt sie mit einer Ernsthaftigkeit, die keinen Zweifel an ihren Zukunftsplänen aufkommen lässt. Doch ihr Opa bremst sie: „Jetzt steht erst mal der Schulwechsel an, dann sehen wir weiter“, sagt er. Allerdings ist nicht zu übersehen, dass er stolz ist, dass das „Dienstleistungs-Gen“ seines Großvaters wohl auch an seine Enkelin übergegangen ist.

15 FRISEUR SCHWAB

Zum Haareschneiden ins Museum

Bei den Herren kostet ein Messerformschnitt 20 Euro, die Damen sind mit Waschen, Schneiden, Legen und Festiger mit 16 Euro dabei.

In dem 1927 gegründeten Damen- und Herrensalon Schwab auf der Mainzer Landstraße dreht sich nicht nur alles ums Haar, auch eine „Manicüre" ist zu bekommen. Schon die Aufschrift am Schaufenster kündigt es an: Haarpflege, Kosmetik, Parfümerie. Viel ist nicht davon geblieben.

In einer sonst leeren Holzvitrine hinter der alten Kurbelkasse liegen ein paar vergessene Seifen der Marken Dove und Lux als Sonderangebot. Daneben stehen Kölnisch Portugal Haarwasser und Irisch Moos neben L'Air-du-Temps-Flakons. Der Duft der guten alten Zeit. Die scheint in dem Friseurgeschäft vor mindestens 50 Jahren stehen geblieben zu sein. 1952 wurde der Salon ein paar Meter weiter in ein anderes Haus verlegt. Heute befindet sich am ursprünglichen Ort, an der Ecke zur Ludwigstraße, ein chinesischer Imbiss.

Zu den Dingen mit Geschichte zählen auch die Haarschneidemaschinen der Firma Müholos. „Die haben schon so manches neue Gerät überlebt", sagt Hans Joachim Schwab, der 50-jährige Chef des Salons. Daran erkenne man die hervorragende Qualität. Dass sie antiquiert aussähen, tue wirklich nichts zur Sache. Die Rasiermesser in der Vitrine im Verkaufsraum dienten allerdings tatsächlich nur noch dekorativen Zwecken. Bis vor zwanzig Jahren habe man damit den Herren die Bartstoppeln entfernt.

Obwohl Raumteiler aus Nussbaum den Verkaufsraum von der Frisierstube abtrennen, sieht man bereits von dort aus die roten hydraulischen Frisierstühle und die kleinen Waschbecken, alles original aus den 1950er-Jahren. Bloß die Vorhänge fehlen, mit denen früher die Frisierkabinen zugezogen wurden. „Hier saßen die Kunden, die nicht gesehen werden wollten, wenn sie sich die Haare färben ließen oder wenn der Fiffi neu in Form gebracht wurde", erinnert sich Peter Hüttl. Der 63-jährige Friseurgeselle arbeitet seit 1971 im Salon. „Heutzutage sagt man dazu Toupet", erklärt er. Fiffis seien in den 1970er-Jahren schwer in Mode gewesen. Ein- bis zweimal im Monat seien die Herren zum Waschen und Frisieren des Haarteils gekommen. Und das, was noch an Eigenhaar vorhanden war, musste anschließend noch in Form geschnitten werden. „Die ganz Vornehmen hatten eine Schleife in die Kopfhaut eingesetzt, da wurde das Ganze dann dran festgebunden, aber meistens wurde es einfach nur auf die Kopfhaut geklebt", erzählt Peter Hüttl. Das gebe es heute so gut wie gar nicht mehr. Überhaupt habe sich unbeschreiblichlich viel verändert. „Früher, als der Großvater und der Vater von Hans noch den Laden führten, waren wir hier bis zu zehn Friseure. Heute sind wir nur noch zu zweit." Der Geselle und der Chef selbst.

salon
eau de cologne

„Die Mainzer war nie eine vornehme Gegend, aber heute ist es hier wirklich schlimm“, erzählt Peter Hüttl. Das sei noch milde ausgedrückt, ergänzt Hans Joachim Schwab. Die Zeiten seien eben andere geworden, aber Kunden würden durch diese Entwicklung nicht gerade angelockt. Schlecht fürs Geschäft sei auch der Umzug des Polizeipräsidiums in die Adickesallee gewesen. Dadurch brach ein erheblicher Teil des Kundenstamms weg: die Beamten, die sich mal eben in ihrer Mittagspause die Haare schneiden ließen. „Heute hat doch keiner mehr Zeit. Schnell, schnell muss alles gehen. Dabei geht man doch auch zum Friseur, um sich ein bisschen zu unterhalten.“ Die meisten der übrig gebliebenen Kunden seien Stammkunden und würden zum allergrößten Teil mit Namen begrüßt.
„Als ich hier angefangen habe, gab es einen Gesellen, den Egon. Der war beinahe 30 Jahre da“, erinnert sich Peter Hüttl, der aus Karlsbad stammt und in Frankfurt sein Glück suchte. „Damals habe ich gedacht, dass ich niemals so lange in einem Betrieb bleiben könnte. Jetzt bin ich selbst seit 38 Jahren in diesem Salon beschäftigt und stehe kurz vor der Rente“, sinniert er und macht den Anschein, als könne er es nicht so recht glauben. Der Altgeselle schaut sich um – bis auf ein paar Kleinigkeiten und den komplett modernisierten Damenbereich im hinteren Teil des Ladens ist alles so wie damals, als er als junger Mann hier anfing. Sein Chef deutet auf die Einrichtung: „Damals war das der letzte Schrei“, sagt Hans Joachim Schwab. Eigentlich hatte er sich immer vorgenommen, den ganzen alten Plunder rauszureißen, wenn er einmal das Sagen im Salon haben würde, „für mich war der alte Kram einfach nur hässlich“. Doch irgendwann fand er Gefallen daran: „Modern kann jeder, unser Salon hat Flair.“ Das bestätigten ihm auch die jungen unter seinen Kunden. Die seien regelrecht begeistert von der Atmosphäre, die man sonst eigentlich nur noch im Museum findet oder aus Erzählungen kennt. „Fast täglich kommt jemand rein und fragt, ob er sich mal umschauen kann“, erzählt er. Peter Hüttl sieht den Chef skeptisch an. „Was du Atmosphäre nennst, gehört in meinen Augen mal aufpoliert“, sagt er. Möglicherweise gehört Hüttl aber einer Generation an, die das Alte überhat, und das Besondere eines solchen Ladens einfach nicht erkennen kann.
„Als ich hier anfing, haben wir mit Schlips und Kragen und im Kittel geschafft. Den Hans kenne ich noch als Bub. Als er dann hier mit einstieg, änderte sich einiges.“ Beispielsweise weigerte sich der Sohn des Chefs standhaft, die „Uniform“ zu tragen. „Ich war schon immer der Revoluzzer-Typ“, sagt er und steht in Jeans, T-Shirt und Turnschuhen in seinem Salon. Auch die Haare habe er zeitweise lang getragen. „Bei deinem Großvater wäre das undenkbar gewesen“, sagt Peter Hüttl. Er selbst und Egon hätten damals, als der Junior den neuen Wind reinbrachte, noch einige Zeit im Kittel bedient, „aber als es im Sommer so warm wurde, haben wir uns angeschaut und die Schlipse gleich mit abgelegt“. Bis heute habe er keinen mehr angezogen. „Das wäre auch ein bisschen viel, wenn man in solch einem Laden auch noch wie früher bedient würde“, sagt der Chef.

Gruß
aus dem
Hessenland
BLAUER BO
Alles Gute zum Geburtstag
Abstinenz ist heilbar!
mit Verstand macht der Töpfer allerhand
Oma
Babba
Obba
Mamma

Frankfurt, wie es singt und lacht

16 TÖPFEREI MAURER

Fast wie bestellt: Es ist helllichter Tag in Sachsenhausen, und auf einmal hört man Akkordeonklänge und eine Frauenstimme, die aus voller Kehle singt: „Die Fraa Rauscher aus de Klappergass', die hat e Beul' am Ei." Der Gesang kommt aus der Töpferei Maurer in der Wallstraße. Hier hat sich die Inhaberin Monika Maurer ihr Akkordeon umgeschnallt, steht inmitten ihrer Bembel und spielt ein Liedchen, ganz für sich. „Ich brauchte gerade mal ein bisschen Abwechslung", sagt die 64-Jährige.

Seit Tagen schon sitzt sie an einem größeren Auftrag: Über 100 Mini-Bembel muss sie für die Absolventen der Frankfurter Hochschule für Bankwirtschaft fertigen, für deren Diplomfeier in der Paulskirche. Das Töpfern der kleinen Krüge sei nicht das Schlimme, das komme erst hinterher: „Nach dem Trocknen bekommt jeder Bembel nicht nur eine schöne blaue Ranke, sondern ich muss auch den Namen des Absolventen und das Abschlussjahr draufmalen." Das Bembelchen soll die Abgänger immer an ihre Studienzeit in Frankfurt erinnern. „Ein schönes Geschenk", findet Frau Maurer, „aber auch eine ganz schöne Futzelarbeit. Ich muss höllisch aufpassen, dass ich mich nicht verschreibe." Solange der Ton nicht gebrannt sei, könne man die Farbe wieder abwaschen. Zum Glück komme das nicht allzu oft vor.

Monika Maurer ist geübt: Alles Steinzeug, das sie in ihrem Laden verkauft, ist nicht nur selbst getöpfert, sondern auch handbemalt. Bis vor zehn Jahren teilte sie sich die Arbeit mit ihrem Mann, einem gelernten Töpfermeister. „Er töpferte, ich malte, denn verziert habe ich schon immer gerne." Das sei seit ihrer Kindheit so. Sie stamme aus einem Konditorhaushalt, die Eltern hatten ein Café. Daher komme ihre Lust am Garnieren, erklärt sie. Eigentlich hat sie einmal am Konservatorium klassische Gitarre unterrichtet. Als ihr Mann 1973 den Laden eröffnete, unterstützte sie ihn zuerst stundenweise. Nach der Geburt ihres Sohnes im Jahr 1982 stieg sie dann ganz in das Geschäft ein und führt es seit dem Tod ihres Mannes in seinem Sinne fort.

In der Töpferei Maurer findet man nicht nur alles, was sich ums Stöffche dreht, sondern auch Keramikwaren aller Art. Doch Bembel gehen besonders gut. „Auch weil ich sie nach Kundenwunsch fertige." Ob mit traditionellem Dekor, Eintracht-Frankfurt-Adler, Frankfurt-Wappen, Ying-und-Yang-Motiv, als Geschenk zur Hochzeit oder mit einem Spruch auf Frankfurterisch – die Auswahl ist vielfältig und bunt. „Es duht mer in de Seele weh, wenn ich im

Krug de Boden seh" ist ein Spruch, der immer wieder gerne genommen wird. Oder aber auch: „Es geht der stärkste Hesse ei, gibt's de Tach lang kein Äppelwoi." Und wer einmal wegziehen muss, kriegt folgenden Satz von Monika Maurer mit auf den Weg: „Wenn mer weggeht aus Hesse, derf mer de Bembel net vergesse."
Teilweise denkt sie sich die Sprüche aus, teilweise sind sie schon Jahrhunderte alt. Und manche gewinnen ganz plötzlich eine ungeahnte Brisanz, etwa dieser: „Die Zeite wern schlimmer, aber Dorscht hat mer immer." „Witzigerweise findet der gerade bei Bankern großen Anklang", erzählt Frau Maurer. Für die dürfe der Bembel dann auch gerne etwas mehr Fassungsvermögen haben. Manche können den Hals eben nicht voll genug kriegen. Auch in Zeiten wie diesen ...

Falls jemand wider Erwarten nichts Passendes findet, wird es extra angefertigt. Alles kein Problem für Monika Maurer. Im hinteren Bereich des Ladens ist eine kleine Werkstatt mit Brennofen eingerichtet. Doch die eigentliche Produktionsstätte befindet sich in Büdingen. Da ist Monika Maurer dreimal in der Woche, töpfert, malt und brennt. Etwa 50 Stück Steingut kommen da wöchentlich zusammen: Dippchen, Krüge, Tassen, Teller – und natürlich Bembel, „jede Woche ein Ofen voll". Die Töpferei Maurer stellt zudem für einige Frankfurter Apfelweinwirte, für die Eintracht, den Hessischen Rundfunk oder die Stadt Frankfurt Waren her.
Wenn sie in Büdingen ist, hat Monika Maurer eine Aushilfe, denn der Laden muss ja laufen. Zweimal die Woche ist sie ganztags in der Wallstraße anzutreffen. Sie liebe den direkten Kundenkontakt, und weil sich ihre Ware auch prima als Souvenir eigne, treffe sich bei ihr die ganze Welt. Zurzeit stehen drei mittelalte amerikanische Ladys vor einem Regal und können sich nicht entscheiden – alles ist so „lovely". „Kann isch Ihne helfe? May I help you?", fragt Monika Maurer in einer eigenwilligen Mischung aus Frankfurterisch und Englisch. „Well", am liebsten würde die eine Dame einen Bembel mit heim nach Texas nehmen, doch der erscheint ihr zu groß. Deshalb habe sie sich nur für einen Fingerhut entschieden. Dass es die Bembel in den unterschiedlichsten Größen, also auch mit Viertelliter-Fassungsvermögen gibt, hat sie glatt übersehen. Es können einem aber auch die Augen in der Töpferei Maurer übergehen. So viel Steinzeug, da sieht man das Wesentliche einfach nicht mehr! Die Amerikanerin ist entzückt, als ihr Monika Maurer ein Viertelliter-Bembelchen vor die Nase hält. Den Fingerhut nimmt sie trotzdem und kann gar nicht glauben, dass Monika Maurer das alles selbst fertigt. „Yes, I do", bekräftigt diese. Dann verweist sie die Texanerinnen auf ihre Schutzbembelchen. Mini-Steinzeugkrüge mit Flügeln. „Des is wie e Schutzengelsche, ein Schutzbembelsche. Like a Guardian Angel, you know", erklärt sie. Die

Damen sind begeistert. Genau das Richtige für die Enkelkinder zu Hause in Dallas, Texas. Und weil jeder jemanden gebrauchen kann, der über ihn wacht, nimmt die Lady ganz eigennützig auch einen für sich selbst mit.
„Hier erlebt man schon lustige Sachen“, sagt Frau Maurer, die ihre Kunden immer erst mal in Ruhe schauen lässt, schließlich braucht man seine Zeit, um sich umzugucken. Gerade die Touristen. „Manch einer fühlt sich bemüßigt, Begriffe zu erklären.“ Meistens hört sich Monika Maurer das nur kommentarlos an, „aber wenn Frankfurter Ausdrücke durcheinandergeworfen werden, dann greife ich schon mal ein“, sagt sie. „Des kann ich net habbe.“ Schließlich liebt und lebt die gebürtige Frankfurterin ihre Mundart und möchte, dass die auch richtig weitergegeben wird. „Wenn jemand zum Beispiel Geripptes sagt und Bembel meint, muss ich dann dazwischengehen.“ Sie schüttelt sich. So wird in der Töpferei Maurer Frankfurter Tradition im wahrsten Sinne gepflegt und der viel zitierte Spruch von Friedrich Stoltze: „Un es will mer net in de Kopp enei, wie kann nur en Mensch net von Frankfort sei“, erhält mit Monika Maurer ein sehr sympathisches Gesicht.

Zeitreise auf engstem Raum

17 ANTIK BODENHEIMER

Mitunter ist Heinz Bodenheimer selbst erstaunt, dass sein Laden noch existiert. Denn viel Laufkundschaft verirrt sich nicht in die Rosenbergerstraße, die kürzeste Straße der Stadt, die mitten in Frankfurts „Rosa Dreieck“ liegt. Es sind Kenner, die das „Nostalgie-Kamera-Wunderland“ finden. Hier, im Zentrum der Frankfurter Homosexuellenszene, wirkt Heinz Bodenheimers Lädchen wie ein Exot. In den letzten Jahren sei seine Kundschaft vor allem aus Asien, Russland und den USA gekommen. „Die sind ganz verrückt nach den alten Sachen“, sagt der gelernte Lederkaufmann, der seine Schätze, Mechanik, Optik und Technik aus Großvaters Zeiten, seit 1960 anbietet. Sein Schwerpunkt liegt auf Foto- und Filmgeräten sowie alten Tonträgern. Aber auch Fernrohre, Sehhilfen oder manchmal medizinische Instrumente lassen sich hier entdecken. „Ich habe Fotoapparate zwischen 5 und 500 Euro, und alles, was ich verkaufe, muss mindestens 35, 40 Jahre alt sein“, erklärt Heinz Bodenheimer sein Konzept.

Schon als Schüler habe er sich sehr für historische optische Geräte und alte Handarbeit interessiert, erzählt er. Nach und nach sei er immer tiefer in die Materie eingestiegen.

Er verkaufe viel an Museen. „Im Museum für Kommunikation stehen unzählige Exponate von mir“, sagt er stolz. Auch Filmteams wenden sich des Öfteren an ihn, um sich Requisiten auszuleihen. Heinz Bodenheimer beschreibt sein Geschäft als „Museum, in dem man einkaufen kann“.

Auf kleinstem Raum. Wer sich einmal fühlen will wie ein Elefant im Porzellanladen, hat in der Rosenbergerstraße Gelegenheit dazu. Man muss sich höllisch in Acht nehmen, um nichts umzustoßen, denn jeder Platz ist belegt. Was für den Laien wie ein buntes Durcheinander wirkt, erzeugt beim Kenner feuchte Augen: Meterhoch stapeln sich Filmrollen, die Vitrinen sind übervoll mit Film- und Fotokameras, Röhrenradios, Sextanten, Kompassen, Sehhilfen und mechanischem Spielzeug aller Art. Auf und in den Regalen

OPTISCHE GERÄTE
ALTE TECHNIK
PHOTOGRAPHICA
ANBEZAHLTE WARE
WIRD BIS WEIHNACHTEN
RESERVIERT
SCHÖNES
TRICHTER-GRAMMO
BETRIEBSFÄHIG
TYP 1900
RUNDES HOLZGEHÄUSE
KUNST-AUKTION
AUKTIONSHAUS
ARNOLD
Reserviert
PRAVDA

stehen alte Filmprojektoren, Grammophone und Schellackplatten. Deckenhoch türmen sich Schuhschachteln mit Filterlinsen, Ton- und Stummfilmen. Der Platz ist ein Riesenproblem. „Ich könnte all die Sachen so wunderschön dekorieren, aber es geht nicht“, klagt der Antikhändler. Und weil er das Angebot nicht verkleinern will, macht Heinz Bodenheimer eben Abstriche bei der Präsentation.

Ein Kunde betritt das Geschäft. „Haben Sie Grammophonplatten von Caruso?“, will er von Heinz Bodenheimer wissen. „Sicher“, sagt dieser mit der Ruhe eines Antiquars. „Wenn Sie ein wenig Zeit mitbringen, dann finden wir sie.“

Ihm persönlich sei es ja egal, was er in größerer Auswahl dahabe. Hauptsache, es passe in sein Repertoire: „Manchmal habe ich keine Grammophone, dann wieder sechs Stück auf einmal.“

Heinz Bodenheimer kauft ausschließlich von privat: „Wenn ein Sammler stirbt, kommt meistens seine Frau zu mir und fragt, ob ich nicht die 70 Fotoapparate ihres Mannes erwerben will. Die schaue ich mir dann an.“ Und eventuell finden sie dann ihren Weg in Bodenheimers Laden. „Ich habe viele Sammler alt werden sehen“, sagt er, „aber nicht alt genug.“

Seiner Ansicht nach müsse ein Sammler mindestens 150 Jahre alt werden, denn die Zeit, in der man dieser Leidenschaft fröne, sei viel zu kurz: „Die meisten fangen mit etwa 30 Jahren an und mit 70 ist es dann vorbei“, sagt er.

Heinz Bodenheimer selbst habe sich das Sammeln über die Jahre hin abgewöhnt: „Ich sammele nur noch für meinen Laden, sonst würde ich meinen Kunden ja die schönsten Stücke vorenthalten. Und das ist totes Kapital.“ Doch trotz seiner langjährigen Tätigkeit sei er immer wieder erstaunt über die Mengen, die manch einer zusammentrage. Er kenne beispielsweise einen Mann, der von der Stadt Frankfurt extra einen Bunker für seine Radiosammlung angemietet habe: „3500 Apparate hat der da verstaut. Es ist unwahrscheinlich, womit sich manche Leute ihre Zeit vertreiben“, wundert sich Heinz Bodenheimer.

Insgesamt habe sich das Sammelverhalten jedoch verändert. Er beobachte diese Entwicklung schon seit Jahren. Das Geld sitze einfach nicht mehr so locker, und auch die Sammler würden immer weniger: „Seit der Euro-Umstellung geht es bergab“, stellt Heinz Bodenheimer fest. Die Kundschaft habe sich stark gewandelt. Von

20 Leuten, die in seinen Laden kommen, wollen ihm 16 etwas verkaufen, zwei kaufen etwas und zwei gehen wieder, ohne dass sie was gefunden haben. „Früher war's genau andersrum."
Manchmal kämen Leute rein, die schauten sich zwei Stunden lang um. „Ich nenne sie Museumsbesucher. Die wollen alles mögliche von mir wissen, aber am Ende kaufen sie nichts." Obendrein haben sie ihm noch seine Zeit gestohlen, in der er etwas Sinnvolles hätte machen können, wie zum Beispiel seinen Internetshop pflegen. Denn obwohl Heinz Bodenheimer mit Dingen aus der guten alten Zeit handelt, von gestern ist er nicht.
Für die „Museumsbesucher" hat er extra im Eingangsbereich eine Parkuhr aufgestellt. „Da können sie ruhig einen kleinen Obolus einwerfen", findet der Antiquitätenhändler.

Doch selbstverständlich gebe es auch andere Kunden. Die Asiaten beispielsweise: „Die kommen, kaufen ein und wollen dann noch ein Foto von mir. Das zeigen sie zu Hause und sind ganz stolz, dass sie bei mir waren." Denn Heinz Bodenheimer und sein Geschäft sind ein Begriff. Nicht nur in asiatischen Sammlerkreisen.
Wie sich die Wirtschaftskrise auf sein Geschäft auswirken wird, weiß der Antiquitätenhändler nicht: „Zum Glück muss ich mir hier nicht mehr meinen Lebensunterhalt verdienen", sagt er. „Verkaufe ich was, ist es gut, wenn nicht, ist es auch gut. Der Laden ist mein Hobby. Aber wenn ich ein junger Mann wäre, müsste ich mir einen neuen Job suchen."
Einen Nachfolger hat der 71-Jährige nicht: „Mein Traum war, dass einer meiner Söhne hier einmal weitermacht, aber keiner von beiden hatte dazu Lust." Das habe ihm schon wehgetan, sagt Heinz Bodenheimer. Immer mal wieder gebe es Interessenten für das kleine Geschäft. „Aber so einfach ist das nicht. Hier muss man reinwachsen. Mein Wissen kann man nicht kaufen, das muss man lernen. Sonst hat man keine Chance." Und so macht Heinz Bodenheimer weiter. „Mal sehen, wie lange." Denn eigentlich würde er gerne seinem zweiten Hobby, dem Reisen, etwas ausgiebiger nachgehen. „Dabei sammelt man übrigens auch", sagt Heinz Bodenheimer. „Eindrücke und Augenblicke."

Scherben bringen meistens Glück

18 EL IDRISSI PORZELLAN REPARATUREN

Es ist eines dieser Häuser, wie man sie oft in Berlin, aber nur noch selten in Frankfurt findet: Viele kleine Welten eröffnen sich, wenn man den Weg vom Vorderhaus in die Hinterhöfe findet. Und davon gibt es hier, in der Niddastraße 64, einige. Große Müllcontainer stehen im Durchgangsbereich und unzählige Schilder verweisen auf die ansässigen Mieter: Multimediaagenturen, Pelzhändler, die Heinrich-Böll-Stiftung und irgendwo auch der Hinweis auf die Wirkungsstätte von Mohammed El Idrissi.

Es ist schon eine besondere Werkstatt, die sich da im zweiten Hinterhof befindet. Sobald man seinen Fuß über die Schwelle setzt, wird es ganz ruhig. Nur die Augen beginnen unruhig hin und her zu wandern und wissen plötzlich nicht mehr, wohin sie zuerst blicken sollen. In unzähligen Regalen, Vitrinen und auf diversen Tischen sitzen, liegen und stehen Aberhundert Figuren und Figürchen, Teller, Tassen, Kacheln sowie alles, was sich aus Porzellan und verwandten Werkstoffen herstellen lässt. Alle bedürfen kleinerer oder größerer Ausbesserungsarbeiten. Meißen steht neben Sèvres, Höchster Porzellan neben Delfter Fayencen, feinstes Bone China neben Kaufhausartikeln aus Keramik.

Mohammed El Idrissi ist es dabei egal, ob das Stück, das er wiederherstellen soll, eine Antiquität im Wert von mehreren Tausend Euro ist oder einst nur ein paar Cent gekostet hat. Schließlich sei alles, was man mit Geld kaufen könne, im Grunde günstig. „Der wahre Wert ist sowieso ein ideeller“, so der gebürtige Marokkaner,

CLOU

der als junger Mann nach Deutschland kam, seit 1970 in Frankfurt lebt und die Stadt als seine Heimat bezeichnet.
„Einmal kam ein Mann zu mir mit vielen, vielen Scherben. Es war die Lieblingstasse seiner Frau, die ihm zerbrochen war. ‚Können Sie mir helfen?‘, fragte er mich“, erinnert sich der Porzellan-Reparateur. Er habe sich das Stück angeschaut. „ ‚Für das, was ich Ihnen dafür abnehmen muss, könnten Sie mindestens zehn neue Tassen kaufen‘, sagte ich ihm. Aber das war dem Mann egal. ‚Meine Frau sitzt zu Hause und weint‘, sagte er. ‚Das braucht sie nicht, ich bin ja da‘, sagte ich.“
Mohammed El Idrissi ist gelernter Kunstmaler. Über einen Bekannten erfuhr er von dem Porzellan-Reparateur Schramm, dem Vorbesitzer seiner Werkstatt. Der junge Mann begann hier zu arbeiten und zeigte so viel Geschick bei der Arbeit, dass er die Werkstatt seines Chefs übernahm, als sich dieser zur Ruhe setzte. Er habe viel von seinem Vorgänger lernen können, so Mohammed El Idrissi. Doch beim Modellieren und Nachmalen der Gegenstände habe Herr Schramm ihm nichts vormachen können.
„Es ist gut, wenn man sich ergänzt“, findet El Idrissi, „wenn sich beide etwas zeigen können.“ Seit 1994 führt er die Porzellan-Reparatur allein, doch verändert hat er nichts. „Es ist alles noch genau so wie damals bei Herrn Schramm. Vieles von dem, was hier rumsteht, hat sogar er noch angenommen. Manches wurde vergessen und einfach nicht mehr abgeholt.“
Er schmeiße nichts weg, sagt Mohammed El Idrissi, „vielleicht kommt ja mal jemand und dem gefällt ein Stück. Dann hole ich es aus dem Regal und bessere es aus. Solange schläft der Gegenstand hier bei mir.“ Zugedeckt vom feinen Staub der Jahre.
Mehr als zwei oder drei Stunden könne er nicht an einer Arbeit sitzen, dann sei seine Konzentration erschöpft und er müsse sich einer anderen Tätigkeit widmen. Neben Fingerspitzengefühl und Geschick sei auch Geduld eine unverzichtbare Voraussetzung für diesen Beruf. Seine Kunden müssten sich darauf einstellen, dass hier nichts schnell, schnell geht, gehen kann. Denn die einzelnen Arbeitsschritte sind aufwendig. Vor allem wenn es um fehlende Teile geht. „Dann muss ich neu modellieren, alte Klebestellen vom Klebstoff reinigen, das Ganze zusammensetzen und schließlich Farben mischen, um abgeplatzte Zeichnungen zu ergänzen.“ Das dauere seine Zeit. Deshalb vereinbare er mit Kunden grundsätzlich

eine Pauschale. „Würde ich nach Stunden bezahlt, wäre ich längst ein reicher Mann“, lacht er. „Oder auch nicht. Denn dann hätte ich höchstwahrscheinlich keine Kunden, bei den Preisen, die ich nehmen müsste.“ Und außerdem: „Reichtum lässt sich nicht in Gütern messen“, sagt er weise.

Es mache ihm Spaß, die hier versammelten Stücke wieder zum Leben zu erwecken, denn hoffnungslose Fälle gibt es nicht. „Wie heißt es doch so schön? Scherben bringen Glück. Mir bringen sie Kunden, und die sind glücklich, wenn das zerbrochene Gut wieder heil ist.“ Und weil bislang jeder seiner Kunden zufrieden gewesen sei, brauche er keine Werbung für seine Dienstleistung zu machen: „Meine Kunden sind die besten Multiplikatoren. Sie kommen in der Regel immer wieder und empfehlen einen auch weiter“, sagt Mohammed El Idrissi.

Die fertigen Stücke, die auf ihre Abholer warten, zeigen nicht die kleinsten Anzeichen einer Ausbesserung. „Das ist ja die Kunst“, lächelt der Feinreparateur. „Man muss es so machen, dass man nichts sieht und der alte Charakter beibehalten wird.“ Wie genau er dabei vorgeht, gibt er nicht preis. Doch er gewährt einen Blick in seine Malwerkstatt und auf seine Werkzeuge: Zahnarztbohrer, viele verschiedene Farben, Pinsel und eine Masse, deren Rezeptur er wie einen Schatz hütet und mit deren Hilfe er die defekten oder fehlenden Stellen modelliert. „Irgendwann verrate ich das Rezept meinem Nachfolger. Wenn ich einen finde“, sagt der 58-Jährige. Vielleicht bleibt das Geschäft in der Familie. Sein jüngster Sohn, ingesamt hat Mohammed El Idrissi fünf Kinder, mache derzeit ein Praktikum beim Vater: „Er ist begabt, war in der Schule in Kunst immer die Nummer eins und zeigte schon als kleiner Junge Interesse an meiner Arbeit.“ Doch drängen wolle er ihn nicht. „Man muss mit den Kindern Politik machen, sonst schmeißen sie es hin“, sagt Mohammed El Idrissi. In diesem Fall brächten ihm die Scherben dann kein Glück.

Ein Himmel voller Bürsten

19 CARL-TOPP

Haarbürsten und Kämme, Heizkörperbürsten, Abdichtbürsten, Drahtbürsten, Glanzbürsten, Flaschenbürsten, Massagebürsten, WC-Bürsten, Zahnbürsten, Aquarellpinsel, Lackierpinsel, Vergolderpinsel, Rasierpinsel, Kehrgarnituren, Fensterwischer, Feuchtwischmops, Birkenreisigbesen, Kokosmatten, Kinderbesen, Putzlappen ... Bei „C. Topp Bürsten, Pinsel, Fußmatten" in der Adalbertstraße in Bockenheim hängt der Himmel nicht voller Geigen, sondern voller haariger Utensilien.
Der Inhaber, Hansjörg Graf, ist bereits im Rentenalter, aber irgendwie ist ihm der Laden zu sehr ans Herz gewachsen, als dass er ihn für immer abschließen könnte. Obwohl er des Öfteren mit dem Gedanken spiele, wie Graf zugibt. Abends fühle er sich immer häufiger fix und fertig, und das Venenleiden und die Bandscheibenprobleme, die er sich während des Stehens im Laden über Jahrzehnte zugezogen habe, täten das Ihrige, um die Lust zu schmälern. „Die alte Kraft ist fort, das macht mich mürbe", so der 66-Jährige. Einerseits. Andererseits spricht er von dem Laden als seinem Zuhause: „Ich verbringe hier die meiste Zeit, in meiner Wohnung schlafe ich nur", sagt er. Außerdem verdiene er sich etwas zu seiner Handwerkerrente dazu. Denn die sei ein „schlechter Witz", so Hansjörg Graf.

Hansjörg Graf ist gelernter Pinselmacher. 1958 verließ er, damals 16 Jahre jung, gemeinsam mit den Eltern die DDR. Der Vater, ein Bürstenmacher, hatte sich zuvor – während einer Geschäftsreise – eine Stelle in Reutlingen gesucht. Zwei Jahre später übernahm er das Bürstengeschäft in Bockenheim. Der Sohn sollte ebenfalls mit einsteigen, „aber ich bin nach sechs Monaten abgehauen", erzählt Hansjörg Graf. „Ich kam nicht mit meinem Vater als Chef klar." In Mittelfranken kam er in einer Pinselmacherei unter. Danach ging es nach Berlin, wo er mit einem Begabten-Stipendium Maschinenbau studierte. „Ich war weg und wollte nicht mehr zurück nach Hause." Er arbeitete dann in Wien und Genf.
In der Zwischenzeit versuchte der Vater, eine Pinsel- und Bürstenfertigung im Spessart aufzubauen und wollte seinen Sohn dazu bewegen, zurück nach Frankfurt zu kommen. Man einigte sich darauf, dass der Vater im Spessart bleiben und der Sohn den Laden in der Adalbertstraße übernehmen sollte, den er bis heute führt.
„Früher hatten wir auch Lippenstift oder Damenbinden, aber das Zeug habe ich rausgeschmissen. Das bekommt man ja heute in jeder Drogerie."
Er versucht, seinen Laden „reinzuhalten", als Fachgeschäft für Bürsten, Pinsel und Fußmatten. „Manche von unseren Produkten bekommen Sie sonst nirgends, das stimmt schon. Und wenn es uns einmal nicht mehr gibt, dann müssen die Leute eben sehen, wo sie ihre Sachen herbekommen", sagt Graf und zuckt bedauernd mit den Schultern. „Aber ändern kann ich das nicht." Wenn er

40 cm

UNIVERSAL
UNIVERSAL
Stein Pflege
KUNST-STOFF-PFLEGE
GRANDMA'S
GSK
SPIRITUS
Frosch
Frosch
Essig Reiniger
Frosch
Zitronen Reiniger
Frosch
Neutral Reiniger

den Laden wirklich einmal abschließt, wird er wohl für immer geschlossen bleiben. Denn Hansjörg Grafs Kinder haben kein Interesse, das Geschäft fortzuführen, und nach einem Nachfolger sucht er bereits seit sechs Jahren. „Erfolglos“, wie er sagt.

Dabei sei das Bürstenmacherhandwerk so interessant. „Wenn einer beabsichtigt, sich selbstständig zu machen, kann ich das nur begrüßen. Aber nicht in diesem Handwerk.“ Denn hier könne man kein Geld mehr verdienen. „Handarbeit ist out“, sagt der gelernte Pinselmacher. Und doch sei es eine schöne Tätigkeit, schwärmt er, „so vielschichtig, und man braucht eine Menge Detailkenntnis und Fingerfertigkeit.“

Früher habe er richtig große Aufträge gehabt. Von der Stadt Frankfurt oder den Farbwerken Höchst. Doch die Zeiten seien vorbei. Außerdem habe sich die Kundschaft verändert, ebenso wie der komplette Stadtteil Bockenheim. „Die Ärmeren kommen hier nicht herein, aber da ist Bockenheim mittlerweile voll von“, so der Geschäftsmann. Und auch wenn er wirklich gerne in seinem Geschäft stehe, manchmal habe er es mit der Kundschaft nicht so einfach.

Die, bei denen er „die Krätze“ kriegt, wie Hansjörg Graf sagt, nennt er „die Frager“: „Das sind Leute, die sich eine halbe Stunde lang die Unterschiede bei Rasierpinseln erklären lassen oder wie ein Rasiermesser funktioniert, und dann verlassen sie auf einmal schnell den Laden. Die setzen sich dann zu Hause vor den Computer und kaufen ihren Rasierpinsel online.“

Das Ding sei da natürlich günstiger, aber Beratung gebe es nicht. „Dafür suchen sie dann doch das Fachgeschäft auf“, ärgert er sich.

Doch zum Glück gebe es auch andere. „Noch“, sagt Hansjörg Graf. Das seien die wenigen „Verstreuten“, die das Handwerk noch zu schätzen wüssten und bereit seien, dafür auch ein paar Euro mehr auszugeben. „Gute Bürsten kauft man eben nicht im Supermarkt, sondern beim Bürstenmacher.“ Denn die handgemachten Bürsten und Besen hielten ein Leben lang. Vorausgesetzt, die Pflege stimmt. „Wichtig ist, dass Sie den Besen hängend oder mit dem Besatz nach oben aufbewahren“, rät der gelernte Pinselmacher und Machinenbauer.

Mit manchen Kunden ergebe sich auch das eine oder andere schöne Gespräch: „Tante Emma ist nichts dagegen.“ Er erzählt von einem alten Herrn, der um die 90 sei und seit Jahren, wenn nicht Jahrzehnten, bei ihm einkaufe: „Alle Vierteljahr kommt er vorbei und braucht neue Unionwaschbürsten.“

Normalerweise verwende man diese, um starke Verunreinigungen zu beseitigen. Irgendwann habe Graf ihn darauf angesprochen, was er denn mit den vielen Bürsten mache. Und da kam heraus, dass der Herr sie nicht etwa zum Putzen brauche, sondern um seinen Körper damit zu massieren. „Er hatte wohl mit 55 einen Herzinfarkt und schwört auf Bürstenmassage, aber nur mit diesen stahlharten Borsten.“

Hansjörg Graf schüttelt sich: „Da nimmt jede Cellulitis Reißaus.“ Und gut für die Durchblutung ist es sicherlich. „Für mich ist der Kunde ein leuchtendes Beispiel dafür, wie man es machen muss.“

Bürsten genug, um sich selbst zu massieren, hätte er jedenfalls, der Herr Graf. Ob er es denn auch tut, lässt er offen. Und ob er mit 90 Jahren immer noch hinter dem Tresen stehen wird, ebenfalls.

FRAUEN HELFEN FRAUEN
Gref-Völsings
Gref-Völsings
Gref-Völsings

Wo es ohne Ende Wurst gibt

20 GREF-VÖLSINGS

Kurz nach halb acht Uhr am Morgen. Verkehr auf der Hanauer. Verkehr in der Metzgerei Gref-Völsings. Während sich draußen die Autos über den Asphalt drängeln, schieben sich im Verkaufsraum der kleinen Metzgerei die Kunden an der Theke entlang.
„Ein Menü, bitte!“ Der Mann im Blaumann hat schon vier Stunden Fahrt hinter sich. Weitere sechs dauert es, bis er am Ziel ist. Doch ein erstes Etappenziel hat er erreicht: Gref-Völsings auf der Hanauer Landstraße 132. „So viel Zeit muss sein“, sagt er. Statt einem Marmeladenbrötchen nimmt er zum Frühstück eine Tasse mit Brühe, eine Rindswurst und einen Wasserweck in Empfang. „Ein Mahl für echte Männer.“ Aber auch der weiblichen Kundschaft schmeckt das „Menü“, das ohne Chichi und Gedöns daherkommt. Schnell, einfach, ehrlich, sättigend und kräftigend. Seit Jahrzehnten gleich und bis heute ohne Besteck, sondern mit den Fingern zu verspeisen. Das solle bitte schön auch so bleiben, findet Friederike Satvary, Geschäftsführerin und Urenkelin der Firmengründer Karl Gref und Wilhelmine Völsings. „Warum sollte sich daran etwas ändern, nur weil man einen Anzug trägt?“, fragt sie. Allerdings seien es gerade die Kunden im Anzug, die nach Besteck fragten. „Eine Dame hat das angefangen und nun werden es immer mehr.“ Verstehen kann Satvary das nicht. Schließlich esse man anderswo die Spezialitäten ja auch so, wie es üblich sei. Beim Gref – wie die Metzgerei von Kennern und Stammkunden genannt wird – sei das eben ohne Hilfsmittel, außer mit den eigenen Fingern. Darauf weist sie die Kundschaft immer wieder hin. „Bei Fingerfood geht’s schließlich auch und gilt sogar als schick. Warum also nicht auch bei uns?“, fragt die Geschäftsfrau und lächelt. Zudem handelt es sich auch noch um eine Frankfurter Tradition, die bereits der Mundartdichter Friedrich Stoltze beschrieb: „Un die Parrer un Soldate, Medeziner, Advokate, Owerlehrer un Professer, Stadtamtmänner un Assesser, un der ganze Hannelsstand frisst sei Wörschtsche aus de Hand.“
Schade, dass das Würstchen es kaum über die Grenzen des Rhein-Main-Gebiets geschafft hat, aber schon im nahen Unterfranken verspeist man am liebsten Weißwurst. Da haben es die Frankfurter Würstchen besser. Die kennt man überall auf der Welt.

Bei Gref-Völsings dreht sich nach wie vor alles um die Rindswurst, schließlich hat man sich mit der Brühwurst einen Namen gemacht. Und so werden in der Hanauer Landstraße täglich gut und gerne 7000 der dicken Roten hergestellt, in Naturdärme gefüllt und gebrüht. Weil das Fleisch schlachtfrisch verarbeitet wird, kann man auf Phosphat verzichten. Darauf ist man stolz und selbstverständlich auch darauf, dass die Rindswurst von Gref-Völsings, erkennbar an einem blauen Metallclip, tatsächlich zu 100 Prozent aus Rindfleisch besteht. Garantiert. Und das, obwohl bis zu zehn Prozent Schweinefleisch erlaubt wären. Es waren wohl koschere Würste, die ihre Urgroßeltern im 19. Jahrhundert auf die Idee gebracht hatten.

„So steht es zumindest in der Familienchronik", erzählt Friederike Satvary. Und weil sich die Metzgerei damals in der untergegangenen Frankfurter Altstadt unweit der Judengasse befand, erscheint dies auch realistisch. „Heute freuen sich unsere muslimischen Kunden, dass da noch immer kein Krümel Schwein in unseren Würstchen zu finden ist", sagt die Geschäftsfrau. Selbst der Darm stamme vom Rind. Daran habe sich in den letzten eineinhalb Jahrhunderten nichts geändert.

Gleich geblieben ist auch, dass im Hause Gref-Völsings die Frauen das Sagen haben. „Bei uns waren die Männer schon immer ausgesperrt", lacht die Chefin, und sie bittet sich aus, dass das auch möglichst so bleibt, „es sei denn, eine meiner Töchter heiratet einen Metzgermeister und der steigt in den Betrieb ein". Das Arbeiten in einem Familienbetrieb sei nicht immer einfach und selbst unter Schwestern der Umgang manchmal schwer. „Egal, wie vorsichtig man miteinander umgeht, es passieren doch immer mal Kränkungen", sagt Satvary.

An der Bürotür klebt ein Schild: „Trust the girls" steht darauf. Vertrau den Mädels. Und vor allem: Trau ihnen etwas zu! Nachdem die Großmutter von Friederike Satvary früh verwitwet sei, habe sie allein mit den drei Töchtern dagestanden und die Metzgerei weitergeführt. Dann sei Satvarys Mutter in den Betrieb eingestiegen, schließlich sie selbst gemeinsam mit der Schwester Dorothea. Nun stehen Anna und Franziska, Friederike Satvarys älteste und jüngste Tochter, in den Startlöchern, das 1894 gegründete Familienunternehmen Gref-Völsings zu übernehmen. Noch halten allerdings Mutter Friederike und Tante Dorothea die Fäden in der Hand, wenngleich die Muter sich selbst nach und nach zurückziehen wolle und die Tante aus gesundheitlichen Gründen bereits nicht mehr aktiv in der Firma sei.

Eigentlich hatte keine von ihnen ihre Zukunft in dem Familienbetrieb geplant, sagen Anna und Franziska. „Wenn ich ganz frei hätte

entscheiden können, dann wäre ich wohl Physiotherapeutin geworden", so die ältere der beiden Schwestern. Stattdessen machte die 32-Jährige nach dem Abitur erst mal eine kaufmännische Ausbildung, studierte drei Jahre lang BWL, entschied sich dann doch für eine Kochlehre, hängte eine Metzgerausbildung dran und ist nun Fleischermeisterin.
Ihre Schwester Franziska kam vor wenigen Jahren in der Metzgerei an, nachdem sie ebenfalls eine kaufmännische Lehre absolviert hatte und anschließend im Immobilienbereich tätig war. Sogar die mittlere Schwester Helene, die sich im Holzhausenschlösschen um Frankfurts Kulturleben kümmert, hatte angeboten, in den Betrieb einzusteigen, wenn es keiner hätte machen wollen. „Das hat mich wirklich sehr gerührt", sagt Mutter Friederike, „dass allen drei Töchtern der Betrieb so am Herzen liegt." Und weil das so ist, soll sich auch möglichst nichts ändern, finden Anna und Franziska. Doch ein bisschen frischen Wind bringen die beiden jungen Frauen schon herein.

„Heute verspeist kaum einer mehr morgens um sechs noch Haspel", sagt Anna Satvary. Was auch und vor allem daran liegt, dass das komplette Ostend – und mit ihm die Hanauer Landstraße – sein Gesicht verändert hat. Statt Arbeiter geben nun schicke Werbeagenturen und Autohäuser den Ton an.
Es war Annas Idee, das Qualitätsfleisch vom Schwäbisch-Hällischen Schwein und vom Hohenloher Weiderind ohne Gentechnik und Masttechnik anzubieten. Schließlich müsse man sich in Zeiten wie diesen seine Nische suchen. Doch zum Glück sähen die meisten den Gref noch als rustikales Geschäft. Und das soll auch so bleiben. Ganz egal, wie sich das Tempo auf der Hanauer Landstraße auch beschleunigen mag.

Bücher und viel mehr

21 BUCHHANDLUNG SCHUTT

„Negativ denken für Anfänger“, ein vielversprechender kleiner Band, der da auf dem Kassentresen der Buchhandlung liegt. Ein Hingucker allemal neben der sonst im Buchverkauf gerne genommenen „Sorge dich nicht, lebe“-Aufforderung. Bei Schutt hat man sich das Sponti-Flair erhalten und ist fest mit der Neuen Frankfurter Schule verwoben.

Wie verabredet, steht da auch Frank Wolff, Frankfurts viel gerühmter Avantgarde-Cellist und Mitbegründer des Neuen Frankfurter Schulorchesters. Im langen, schmalen Gang, zwischen Büchern voll Dialektik und Diättipps, erzählt er der Inhaberin der Buchhandlung Schutt, Angelika Schleindl, von seinem Auftritt während eines Paris-Aufenthalts, der Teil des Grünen Europawahlkampfs war. Er habe die Europahymne intoniert. „Denke dir, ich hatte einen Auftritt mit Fanny Ardant. Es war unglaublich. Dany kündigte uns an.“ Gewohnt habe man im Hôtel des Grands Hommes, unmittelbar neben dem Panthéon. Herrlich sei es gewesen, „schon allein der Name der Unterkunft“. Und dann diese Stadt! Frank Wolff sprüht. Währenddessen steht Angelika Schleindl auf einer Leiter und sortiert in Ruhe neue Bücher in die hohen hölzernen Regale ein. Er komme gerne her, sagt der Cellist, und man sei schon lange befreundet. Bei Veranstaltungen, die die Inhaberin organisiere, spiele er auch immer wieder. Ihm fällt noch etwas ein: „Neulich schrieb ‚Le Monde‘ eine ganze Seite über die Berger Straße. Das Fazit war: ‚Da müsst ihr hin!‘ Und wir sind schon da.“ Wunderbar sei das. Hier in der Buchhandlung sei es so wie bei Shakespeare, es sei alles drin. „Fabelhaft.“ Dann muss er weiter. Erst einmal wieder ankommen in der Stadt.

„So ist das bei uns“, sagt die Inhaberin. „Man kommt her, um zu schwätzen. Und das seit Jahrzehnten.“ Deshalb habe sie auch nichts am Namen geändert, als sie die Buchhandlung vor elf Jahren von der Witwe des damaligen Inhabers

DUDEN
INGO
Schleife

übernahm. Angst, dass es den Schutt irgendwann einmal nicht mehr gibt, habe sie nicht, so Angelika Schleindl. „Das kann ich mir nicht vorstellen. Das passiert bestimmt nicht in meinem Leben." Da ist sich die 54-Jährige sicher. Und obwohl die Berger Straße voll von Buchläden sei, mache sie sich keine Sorgen um die Umsätze: „Gute Konkurrenz beflügelt das Geschäft." Außerdem sei man mit allen gut verbunden. Selbst das Internet fürchte sie nicht so sehr. Damit hätten die Platzhirsche viel eher zu kämpfen. „Wir kleinen haben unser Stammpublikum, und das will beraten werden und in den Büchern blättern." Das Einzige, was sie sorge, sei ein möglicher Wegfall der Buchpreisbindung. „Dann wird es für uns eng." Aber dann würde sie eventuell im angeschlossenen modernen Antiquariat ein Literaturcafé eröffnen.

Die Buchhandlung am Bornheimer Uhrtürmchen bestand schon vor dem Zweiten Weltkrieg. So mancher Bornheimer hat hier nicht nur sein erstes Buch bekommen, sondern ist auch in dem sehr speziell geschnittenen Laden mit den langen Fluren, der von oben wie ein seitenverkehrtes E aussieht, mit dem Roller hin- und hergerast. So erzählen es ihr zumindest immer wieder ältere Kunden, sagt Angelika Schleindl.

Klein ist der Laden, und doch von unglaublicher Vielfalt. „Wir haben zwar nur 60 Quadratmeter, doch die sind schon immer gut genutzt." Deshalb habe sie auch kaum etwas an der Einrichtung geändert. Die Holzregale reichen bis unter die Decke, und teilweise biegen sich die Bretter unter ihrer schweren Last. Belletristik, Reiseführer, Kinderbücher, Kochbücher, Geschenkbücher, Sachbücher – es ist alles da.

„Man darf nicht nur nach dem eigenen Geschmack gehen. Es gibt auch Pflichtaufgaben, schließlich will man ja möglichst viele Menschen ansprechen", erklärt sie ihr Sortiment. Außerdem führe sie eine Stadtteil- und keine Fachbuchhandlung. Obwohl sie tagtäglich von Büchern umgeben sei, lese sie privat noch immer gern. „Dann erlaube ich mir allerdings das zu lesen, was ich will, nicht das, was ich muss." Klassiker derzeit.

Bevor sie den Schutt übernahm, machte sie Übersetzungen für Frauenzeitschriften, dann erforschte sie die Schicksale von Juden während des Dritten Reichs. Plötzlich überkam sie eine persönliche Krise. „Ich war knapp 40 und wusste einfach nicht, wie es weitergeht." Da habe sich die Gelegenheit zum Kauf der Buchhandlung ergeben, erzählt sie. Obwohl sie eigentlich das Geld nicht hatte, habe sie nicht lange überlegt. Und mithilfe von Freunden habe sie es geschafft. Für diese großartige Unterstützung sei sie bis heute sehr dankbar. Auch, dass befreundete Autoren wie Robert Gernhardt immer wieder ohne Honorar lasen. „Bei uns finden immer die Vernissage und die Finissage von Jan Seghers statt, Anne Chaplet liest bei uns, ebenso Monika und Annegret Held." Frankfurter Autoren in Frankfurter Ambiente.

Das zum Laden gehörende moderne Antiquariat hat nur samstags geöffnet und ist über den Hof erreichbar. Gemütlich ist es hier. Ein Ledersofa, Stühle und Sessel gruppieren sich um einen kleinen runden Tisch, der auf einem roten Teppich steht.

Einladendes, zerlesenes Wohlgefühl. Wohnzimmeratmosphäre, die – wie in vielen Wohnzimmern – vom modernen Mac samt Flatscreen gebrochen wird. Und dann steht da noch der Flügel. Die Zeichen des modernen Bürgertums. Ein Kerzenleuchter mit fast abgebrannten Stummeln und halb volle Weingläser sind die übrig gebliebenen Zeugen der letzten Veranstaltung. „Das Antiquariat ist ein besonderer Ort, halb öffentlicher Raum, halb Wohnzimmer", sagt Angelika Schleindl. Hier organisiert sie Lesungen, Buchpremieren, Musik- und Liederabende. Außerdem habe die Volkshochschule die Räumlichkeiten für einen Lyrik- und Kompositionskurs gemietet. Es ist eine geistbefruchtende Umgebung im modernen Antiquariat. Den Flügel habe übrigens Anne Bärenz hier hergebracht und darauf öfter bei Buchpremieren gespielt. Anne Bärenz, die leider viel zu früh verstorbene Lebens- und Musikgefährtin von Frank Wolff. Hier ist sie lebendig. Ihr Bild hängt neben einem Porträt von Zarah Leander.

Alles für die Füß'

22 MASSSCHUHE HÖHL

Der Kunde ist König! Zumindest sitzt er bei Schuhmacher Stefan Höhl für die Zeit, die es dauert, am Fuß Maß zu nehmen, in einer der beiden Kabinen auf einem erhöhten dunkelgrünen Stuhl und blickt auf den Laden herab. Wie ein König auf dem Thron kann er sich umschauen und sieht Vitrinen, in denen verschiedene Modelle an maßgefertigten Damen- und Herrenschuhen ausgestellt sind, Perserteppiche und das ein oder andere Kunstblumengesteck. Sein Vater Walter habe den Laden 1962 gegründet und so eingerichtet, sagt der Schuhmachermeister. Seitdem habe sich nichts geändert. „In unserem Handwerk wäre es fehl am Platz, wenn das Ambiente clean und hypermodern wäre", erzählt Höhl, der den väterlichen Betrieb seit 1998 führt. „Bei uns geht es darum, Handarbeit und Tradition zu vermitteln."

Dass diese spezielle Sitzgelegenheit eine Reverenz an den sehr geschätzten Kunden sei, stimme selbstverständlich nur bedingt, sagt der 47-Jährige: „Wenn ich längere Zeit an einem Fuß arbeite, ist es für meinen Rücken angenehmer, wenn ich mich dabei nicht permanent bis zum Boden beugen muss", gibt er ganz eigennützig zu. Beim Vermessen und während des Fußabdrucks, den Stefan Höhl nimmt, ermittelt er Zahlen, aus denen der Schuhmachermeister dann einen Leisten aus Buchenholz fertigt. Auf diesem wird das Schuhmodell gearbeitet, bis schließlich ein Schuh daraus wird. „Vom ersten Gespräch bis zur Fertigstellung vergehen im Regelfall zwischen zwei und drei Monaten", sagt Stefan Höhl.

40 Stunden Handarbeit muss er pro Paar Maßschuhe investieren. In der Woche fertigt er zwischen drei und vier Paar. „Bei uns wird alles selbst gemacht. Wir geben nichts außer Haus", betont Stefan Höhl. Das unterscheide ihn von anderen Maßschuhmachern. In ganz Deutschland seien es nur noch fünf oder sechs, die so arbeiten. Kleine Manufakturen – bloß dass ihre Arbeit im wahrsten Sinne des Wortes für die Füße ist. Die Nachfrage nach seinen Fußkleidern steige beständig. „Trotzdem ist es noch nicht ganz so weit, dass

ich auf mein zweites Standbein verzichten kann." Das zweite Standbein sind orthopädische Schuhe und Einlagen, die Stefan Höhl gemeinsam mit seinem Mitarbeiter, dem Orthopädieschuhmacher Dieter Erbelding, ebenfalls in der an den Laden angeschlossenen Werkstatt anfertigt. Auch Stefan Höhl hat den Beruf ursprünglich mit dieser Ausrichtung gelernt, bevor er sich auf die Maßschuhe konzentrierte. Von seinem Wissen um die Beschaffenheit der Füße und mögliche Fehlstellungen profitieren auch die Maßschuhkunden. Denn viele haben Fußweh. Ein triftiger, jedoch nicht der ausschlaggebende Grund, sich ein Paar Schuhe anfertigen zu lassen. Vielmehr sei es so, dass sich der Großteil seiner Kundschaft etwas Besonderes gönnen wolle. Einerseits habe er viele wohlhabende Klienten, für die der passende Schuh zum Maßanzug und -hemd selbstverständlich sei. „Und das ist eben der handgefertigte Schuh." Andererseits seien es Leute, die eigentlich gar kein Geld für Höhls Arbeit hätten und dann so lange sparten, bis sie sich ein Paar leisten könnten. Echte Maßschuhfans besitzt übrigens mindestens drei Paar. Denn „Maßschuhe sollten nach dem Tragen für zwei Tage auf Zedernholzspannern ruhen."

Höhls Schuhe – er stellt auch alle Arten von Damenschuhen her – werden vollständig aus Leder gefertigt, sind atmungsaktiv, anpassungsfähig und „sitzen wie Strümpfe, wenn sie eingelaufen sind", so der Schuhmachermeister. Das sei doch das Wichtigste bei einem Schuh, dass er passt. „Dann vergisst man die Füße."

Ob vorne rund, eckig oder spitz, mit oder ohne Absatz – der Schuhmachermeister macht alles möglich. Trotzdem entscheiden sich die meisten für ein klassisches Modell, etwa einen Oxford oder den Budapester mit seinem typischen Lochmuster.

Ab 800 Euro ist ein Maßschuh in der Schuhmacherei Höhl zu bekommen. Wenn man bedenke, dass ein guter Konfektionsschuh ab 400 Euro aufwärts koste, aber nie 100-prozentig passe und man auf die Gestaltung keinen Einfluss habe, relativiere sich der Preis,

findet der Maßschuhmacher. Nach oben gibt es keine Grenzen. „Es kommt immer darauf an, wie aufwendig das Modell ist, für das man sich entscheidet", erklärt Höhl. Und natürlich, aus welchem Leder das gute Stück gearbeitet werden soll.

Egal, ob ganz banal Kalb oder dann doch lieber exotischer in Form von Hai, Hirsch, Rochen, Strauß oder Känguru, es gibt fast nichts, was es nicht gibt. Nach wie vor sei Cordovan, ein Glattleder aus der Gesäßpartie von Kaltblutpferden, die edelste Tierhaut, die man verarbeiten könne. „Ein Pferd hat zwei Kruppen. Deshalb bekommt man pro Tier nur zwei relativ kleine Stücke heraus", erzählt der Schuhmachermeister. Pro Pferd erhalte man entsprechend nur ein Paar Schuhe. Ein Schuhpaar aus Cordovan kostet rund zehn Mal so viel wie eins aus Kalbsleder. Zudem sei das Pferdeleder rar: Nur noch eine Gerberei in Chicago verstehe sich auf das komplizierte, zeitintensive Gerbverfahren. Deshalb sei ein Schuh aus Cordovan etwas ganz Besonderes. „Es passt sich einfach wunderbar dem Fuß an und erhält durch das Tragen eine schöne Patina", schwärmt der Schuhmacher. Er holt kleine, etwa DIN-A3-große Lederovale, die allesamt sorgsam verpackt sind, aus seinem Lederlager. Glatt und ebenmäßig fühlen sie sich an und haben einen wunderschönen Glanz. Eben Cordovan.

Weiter geht es in sein Leistenlager, wo schätzungsweise 1500 Holzleisten hängen. Der größte in Größe 59. Kleine Boote fast. Manche der hier hängenden Fußmodelle stammen noch von Stefan Höhls Vater. Aber nicht nur die Leisten habe der Sohn von ihm übernommen, sondern auch dessen Liebe zu dem Beruf. „Ich bin zwar kein Workaholic, aber Schuhe sind mein Leben", so der Schuhmachermeister. Er habe etwa 25 Paar zu Hause im Schrank. Eine Zahl, die man sonst nur bei Damen erwarte, wie Höhl zugibt. Allerdings setze auch er, der sich die verrücktesten Modelle fertigen könnte, wie die meisten seiner Kunden auf Klassiker. „Die passen immer", sagt Stefan Höhl. Und weil sie sämtlich aus seiner Hand stammen, stimmt dies gleich zweifach.

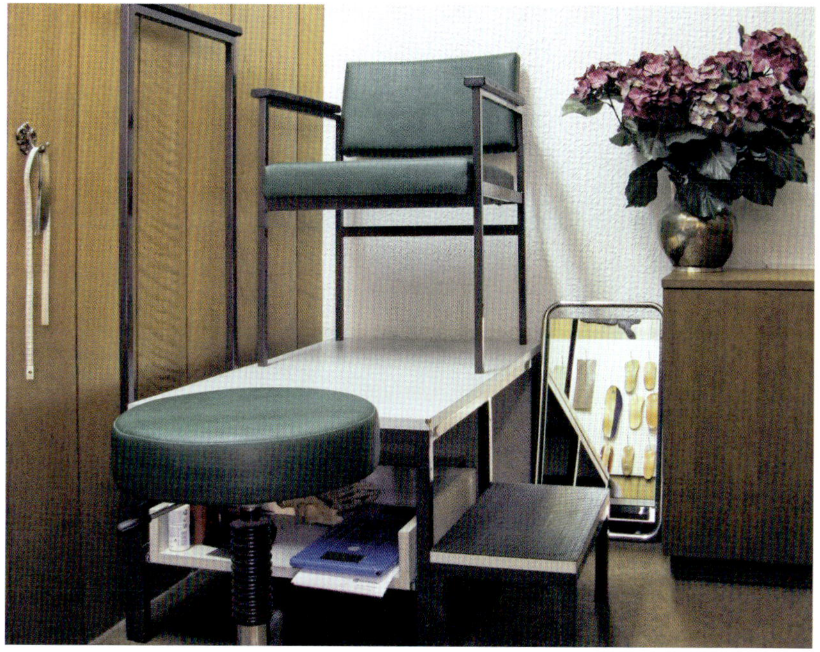

Wertstabile Geldanlagen mit blumigem Klang

23 PIANO ATZERT-BELL

Vom Klavier- zum Zahnarztstuhl und wieder zurück ist es manchmal nicht allzu weit – bei Verena Atzert-Bell zumindest war das so. Und nicht etwa, weil sie mitten im Üben heftige Zahnschmerzen überkamen, sondern weil sich in ihrer Familie alles um Musik, insbesondere Pianomusik, genauer den Bau der Tasteninstrumente, dreht. Sie spielte bereits als Kind in den Hobelspänen, die anfielen, wenn der Vater in seiner heimischen Werkstatt ein Klavier baute, oder kreierte aus Saiten Skulpturen. Andererseits schnitt die heute 49-Jährige als kleines Mädchen bei dem benachbarten Zahnarzt, wo sie einige Jahre später eine Ausbildung machen sollte, Watteröllchen zu, sodass ihr auch die Praxisatmosphäre bereits in jungen Jahren vertraut war.
Schwarz und Weiß, zwischen diesen beiden Farben scheint sich ihr Leben abzuspielen. Natürlich ist es in Wirklichkeit viel bunter. Schaut man sich im Geschäftsumfeld von Verena Atzert-Bell um, sind diese beiden Farben – auf Hochglanz poliert – eindeutig vorherrschend. „Dass ich schließlich ins Familienunternehmen eingestiegen bin, war ein Weihnachtsgeschenk an meinen Vater", sagt die Tochter. Das habe ihn zu Tränen gerührt. Nach Unstimmigkeiten mit dem Zahnarzt fasste sie den Beschluss, noch einmal von vorne anzufangen und eine Ausbildung zur Klavier- und Cembalobauerin zu machen, Meisterprüfung inklusive. „Wahrscheinlich war das eine Vernunftentscheidung, denn wenn man in einem Geschäft groß geworden ist, dann stellt sich irgendwann die Frage der Nachfolge. Ich wollte nur nie als Tochter des Chefs wahrgenommen werden, die sich einfach ins gemachte Nest setzt." Deshalb

A-188

wohl auch erst einmal der Ausflug in die weiße Welt, bevor sie dann mit der handwerklichen Ausbildung begann.
Die sei hart gewesen, körperlich, aber auch, weil dieser Bereich absolutes Neuland für sie war und sie sich den Beruf erst einmal erarbeiten musste. Beim ihrem Vater lernte Verena Atzert-Bell noch, mit Schellack zu polieren. Sie besuchte die Klavierbauerschule in Ludwigsburg und volontierte anschließend in verschiedenen Fabrikationsstätten. „Ich habe nicht nur das Reparieren gelernt, sondern auch den Neubau."
Seitdem sie die Geschäfte führt, ist sie jedoch eher selten in der eigenen Werkstatt anzutreffen. „Dafür bleibt meistens leider keine Zeit." Doch wenn etwas Besonderes zu tun ist, etwa in einem Piano ein neues Stück Steg einzusetzen, lege sie schon gerne selbst Hand an. „Ich habe die Arbeit mit Holz immer geliebt. Das ist so ein wunderbarer Werkstoff, ich mag, wie es riecht, wie es beschaffen ist", schwärmt Verena Atzert-Bell.
Während der Lehr- und Wanderjahre begriff sie, dass eine Reparaturwerkstatt viel interessanter ist als die Arbeit in einer Fabrik, denn da kämen ausschließlich vorgefertigte Muster und Schablonen zum Einsatz, in der dem Geschäft angeschlossenen Werkstatt sei hingegen immer auch die eigene Kreativität gefragt.
Dass sie Klavier spiele, sei selbstverständlich – wobei ihr die Kenntnisse als Klavierbaumeisterin viel mehr nützten, sagt Atzert-Bell. Außerdem habe sie eine leidliche Spielerkarriere hinter sich: Zweimal brach sie sich den Arm, und die häufig wechselnden Lehrerinnen seien nicht gerade zuträglich gewesen. Das Spielen des Instruments sei keine Voraussetzung für die handwerkliche Tätigkeit, „aber natürlich erleichtert ein gleichmäßiger Tastenanschlag die Regulierung der Mechanik".
Ihren Ehemann Michael Bell, 52, ebenfalls Klavierbaumeister, lernte sie übrigens im elterlichen Geschäft kennen. „Er begann die Ausbildung am gleichen Tag wie ich, und weil wir schon immer fantastisch zusammen gearbeitet haben, dachten wir uns, dass man es ja auch mal im Privaten versuchen kann." Seit 1992 führt das Paar gemeinsam das 1929 von Frau Atzert-Bells Großvater gegründete Pianohaus Anton Atzert auf dem Oeder Weg. 1998 eröffneten sie den exklusiven, gut 300 Quadratmeter großen Showroom, wo neben Steinway-Flügeln auch die Steinway-Töchter Boston und Essex sowie Instrumente von Schimmel und D. C. Bell-Klaviere verkauft werden.
Im Jahr 2001 erhielt das Paar die goldene Heinrich-Engelhard-Steinway-Lyra, den Oscar der Klavierbranche, für die außerordentliche Präsentation der exklusiven Tastenin-

strumente. „Seitdem ist der Preis nicht mehr verliehen worden", erzählt Verena Atzert-Bell stolz. Und auch Schimmel, der traditionsreiche Pianobauer aus Braunschweig, der unter anderem die Glasflügel für Udo Jürgens herstellt, ernannte die Frankfurter zu seinem „Centrum".
Die Räumlichkeiten werden nicht nur zur Präsentation genutzt, hier finden auch immer mal wieder Konzerte statt. Außerdem haben Steinway-Pianisten aus der ganzen Welt die Möglichkeit, sich hier vor ihren Auftritten einzuspielen, man kann tageweise einen Unterrichtsraum mieten, und selbstverständlich stehen für Interessenten immer etwa 100 Steinways zum Anspielen bereit.
Was das Besondere an einem Steinway ist? „Dieser einzigartige, blumige Klang und die Stimmstabilität", erklärt Verena Atzert-Bell. Der Bau eines Steinway-Flügels dauert ohne die Trocknungszeit des Holzes länger als ein Jahr. Jedes Instrument besteht aus rund 12000 Einzelteilen, die in Handarbeit zusammengesetzt werden. „Und obwohl man seit 1917 nichts mehr an der Konstruktion geändert hat, gleicht kein Flügel dem anderen", so die 49-Jährige. „Steinway ist einfach das Beste vom Besten. Die meisten Pianisten begreifen es als Auszeichnung und als Privileg, auf einem so wunderbaren Instrument spielen zu dürfen."
Und das nicht nur, weil die Instrumente auch ihren Preis haben: Der kleine Steinway-Flügel kostet ab 53000 Euro, den Konzertflügel gibt es ab 118000 Euro. „Nach oben sind keine Grenzen gesetzt", sagt Verena Atzert-Bell. Der Hersteller bringt immer wieder limitierte Editionen auf den Markt, die sogenannten Crown Jewels. Dafür werden berühmte Persönlichkeiten wie etwa Modezar Karl Lagerfeld oder Albrecht Graf Goertz, Schöpfer des BMW 507 – des für viele schönsten Sportwagens der Welt – gebeten, einen Steinway zu kreieren. Beide Flügel sind selbstverständlich auch im Steinway-Room in Frankfurt zu bekommen.
Es geht selbstverständlich auch günstiger: „Wir vermieten auch", erklärt die Chefin. Ab 28 Euro geht es los. Schließlich müsse man ja erst einmal herausfinden, ob einem das Klavierspielen überhaupt liege, bevor man sich für einen Steinway entscheide. „Sicher, ein Steinway hat seinen Preis", so Verena Atzert-Bell, „aber man muss auch berücksichtigen, dass dieser über die Jahre stabil bleibt." Nach zehn bis fünfzehn Jahren gewinne das Instrument sogar an Wert. In Zeiten wie diesen vielleicht für so manch einen eine interessante Geldanlage.

Zwischen Luxus und Existenzangst

24 JULIUS SCHEUERLE POSAMENTENFABRIK

Der Lärm ist ohrenbetäubend. Metallisch hämmert es beständig: klack, klack, klack, klack. Ein Geräusch, das sich seit über 100 Jahren nicht verändert hat. Denn seitdem besteht die Posamentenfabrik Julius Scheuerle, die ihren Sitz in Sossenheim hat. In den Wandregalen und in Schubladen stapeln sich Hunderte von Garnrollen in mehr als 400 Farben. Manche der Spulen sind so alt wie die Fabrik. Zwei Schubladen beherbergen allein verschiedene Weiß- und Gelbtöne. Aus den Rollen werden die unterschiedlichen Posamenten teilweise in mühevoller Handarbeit gefertigt.

Posamenten – das ist ein Wort aus längst vergangenen Tagen, mit dem kaum noch jemand etwas anfangen kann. „Der Begriff leitet sich vom französischen ‚passement' ab und bezeichnet alle Arten von textilen Besatzartikeln", erklärt Lars Kuhlemann, Urenkel des Firmengründers. Man merkt, es ist nicht das erste Mal, dass der 44-Jährige erläutern muss, was in seiner kleinen Manufaktur hergestellt wird. Nämlich Kordeln, Quasten, Fransen, Schnüre, Seile. Polsterer und Raumausstatter verarbeiten diese weiter und veredeln damit Fenster oder Stoffmöbel.

Amro Abdallah fädelt immer wieder die Webstühle ein. Er ist der letzte Weber des Hauses und einer der fünf verbliebenen Mitarbeiter, die hier zum Teil in Kurzzeit beschäftigt sind. Bis in die 1970er-Jahre waren es 25, allein drei davon Weber. Schwer sei die Arbeit nicht, sagt der gebürtige Ägypter, der eigentlich studierter Ökonom ist. Man müsse hoch konzentriert bei der Sache sein, damit die Reihenfolge der Farben stimme. Sonst erscheine am Ende nicht das gewünschte Muster auf dem Zierband, sondern „Salat". Etwa 1000 oder 1500 Muster können gefertigt werden, deren Geheimnisse in uralten, dicken Musterbüchern gehütet werden. Gleich neben Amro Abdallah rattert ein Nadelbandwebstuhl, der gut 200 Meter Borte in der Stunde produziert. Im Jahr kommen so etwa 80000 Meter zusammen. Damit ist Julius Scheuerle Marktführer in Europa.

Traditionell, um nicht zu sagen museal, ist auch der Maschinenpark, in dem die textilen Schmuckstücke entstehen. Dabei sind nur noch die 30 Maschinen da, die auch wirklich genutzt würden, denn Sentimentalitäten könne man sich nicht leisten, so Lars Kuhlemann. Er führt das Unternehmen, das nun unter dem Namen PosamentenGalerie Scheuerle firmiert, seit 1996. In neue Zeiten, wie er betont – angesichts der Maschinen, die teilweise noch aus Vorkriegszeiten stammen, erscheint das Anliegen hehr. „An der Herstellung kann man nichts ändern. Wichtig ist, dass Marketing und Vertrieb auf dem neusten Stand sind." Und da sei man jetzt gut, um nicht zu sagen sehr gut,

aufgestellt. Gut 90 Prozent der Kunden kommen heutzutage über das Internet, „entsprechend international ist unser Absatzmarkt mittlerweile“. Darauf ist der 44-Jährige stolz.
Ganz im Gegensatz zu den verbliebenen Mitbewerbern, die einer nach dem anderen aufgeben müssen. Deutschlandweit gebe es noch etwa ein Dutzend Posamentenhersteller, allerdings nur noch eine Handvoll, die die gleiche Ausrichtung wie die PosamentenGalerie Scheuerle haben. Der größte habe vor drei Jahren geschlossen. „Natürlich trifft einen eine solche Nachricht“, sagt Lars Kuhlemann, „andererseits freut man sich.“ In der Branche lebe jeder getreu dem Motto: „Wer hat den längsten Atem?“ Der studierte Betriebswirt sieht das ganz pragmatisch.
Für ihn sei es nicht klar gewesen, in das Familienunternehmen einzutreten, und auch die Eltern hätten von ihrem Sohn niemals verlangt, dass er die Firmengeschichte fortzuschreiben habe. Umso größer sei die Freude gewesen, als er sich doch dafür entschied. Denn eigentlich hatte Lars Kuhlemann seine Karriere in der Versicherungsbranche geplant. Dann habe ihn jedoch die Selbstständigkeit mehr gereizt, als in einem großen Unternehmen angestellt zu sein, in dem man nichts selbst entscheiden dürfe und ein kleines Rädchen im Getriebe bleibe. Immer mit dem Risiko lebend, eventuell einmal selbst unter die Räder zu kommen. „Bei uns bin ich für alles zuständig.“ Tagtäglich muss er Hand anlegen. In der Fertigung ebenso wie bei Reparaturen an den uralten Maschinen. Es gebe zwar noch einige wenige Handwerker, die sich auf deren Wartung verstünden, aber die verlangten exorbitante Preise. „Wenn es irgendwie geht, dann machen wir hier alles selbst.“ Vor seinem BWL-Studium hat Lars Kuhlemann drei Semester Maschinenbau studiert und sämtliche Praktika gemacht. Sogar einen Schweißerschein kann er vorweisen. Das kommt ihm nun natürlich sehr entgegen.
Was die Zukunft für seine Firma bringt, kann er nicht sagen. Er und seine Frau haben keine Kinder, dafür drei Katzen. „Und die kommen als Nachfolger schlecht in Betracht.“ Außerdem stürbe die Branche seit 100 Jahren, da müsse er froh sein, wenn er bis zum Ruhestand weitermachen könne, sinniert Lars Kuhlemann.
Zwar entdeckten die Innenarchitekten die teils sehr opulenten Posamenten immer mal wieder neu, aber das letzte Zwischenhoch sei schon fast 20 Jahre her. Es lägen nun mal schlichte Möbel im Trend. Das habe letztlich dazu geführt, dass der Beruf des Posamentierers aus der Handwerksrolle gestrichen wurde. „Selbst wenn man wollte, man findet keinen Nachwuchs.“ Auch bei Scheuerle seien alle Mitarbeiter bis auf einen angelernt. Und der sei seit Kurzem in Rente. Doch noch helfe er stundenweise mit. Wie lange er das macht, ist die Frage. Denn irgendwann werde der Tag kommen, an dem auch der letzte Posamentierer seinen Ruhestand genießen wolle. Daran denkt Lars Kuhlemann lieber nicht.
Derweil ist der letzte Posamentierer im Keller damit beschäftigt, Kordeln zu drehen. Franz Hajdervicz war 35 Jahre bei Julius Scheuerle angestellt. Zurzeit arbeitet er an einem 22 Meter langen, dicken roten Absperrseil, das sich aus

einzelnen dünneren Seilen zusammensetzt. Jede einzelne Komponente stellt der 65-jährige Kroate in mühevoller Hand-, und man muss sagen, Beinarbeit her. Denn bis die gewünschte Dicke erreicht ist, muss er 50 bis 60 Mal von einer Wand zur anderen laufen. Pro Schnur. Anschließend werden diese an einer Wandhalterung und dem schwarzen gusseisernen Drehrad befestigt und fest zusammengedreht. Für 22 Meter braucht er eineinhalb Stunden. Auf diese Weise fertigt er im Jahr einige zehntausend Meter Seile und Kordel. Wie viele es noch werden, das weiß Hajdervicz nicht. Noch macht er seine Arbeit gerne.

Wo man der Zeit nicht viel Gewicht gibt

25 ALBERT JORDAN
Frankfurter Waagenfabrik

Mit Waagen und Uhren habe sie eigentlich nichts am Hut. Beide engten sie ein. „Ich wiege mich vielleicht zweimal im Jahr", sagt Diana Braun: „Wenn die Hose zwackt, dann weiß ich, dass es wieder ein bisschen weniger sein könnte." Sie würde in Panik geraten, wenn sie sich täglich auf die Waage stellen würde. „Und dann zeigt die am Ende noch von einem auf den anderen Tag zwei Kilo mehr an? Nee, das ist nichts für mich."
Andererseits hat Diana Braun dann aber doch ziemlich viel mit Waagen am Hut. Schließlich ist sie Inhaberin der 171 Jahre alten Waagenfabrik Albert Jordan in der Fahrgasse. Ihr Vater führte das Geschäft bis zum Jahr 2006. Dann verstarb er völlig unerwartet im Alter von 58 Jahren. „Er ist abends ins Bett gegangen und einfach nicht mehr aufgestanden", erzählt die Tochter. Dabei wollte er eigentlich seinen Lebensabend in Costa Rica verbringen. Doch manchmal kommt es anders.
Obwohl die 40-Jährige bereits als Jugendliche ab und an mit im Geschäft war, hatte sie nichts damit im Sinn. „Das ganze Thema hat mich nicht die Bohne interessiert." Das änderte sich nach dem Tod des Vaters. „Für mich war klar, dass ich den Laden übernehmen würde. Er ist das Letzte, was mir von ihm geblieben ist, und so ein traditionsreiches Unternehmen darf man nicht einfach aufgeben."
Außerdem sei sie damals an einem Punkt in ihrem Leben gestanden, an dem sie etwas habe ändern wollen. Deshalb habe sie den Laden als die Chance begriffen, auf die sie gewartet habe. „Und wenn ich mit wehenden Fahnen untergehe, ich musste das einfach machen", so Diana Braun. Glücklicherweise habe es funktioniert.

ZERTIFIKAT

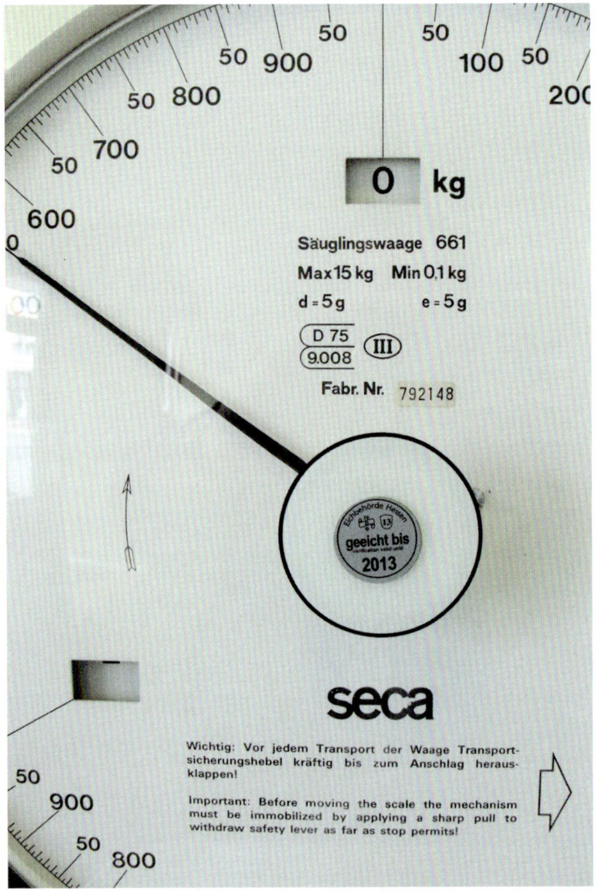

Viel Hilfe habe sie von den langjährigen Mitarbeitern ihres Vaters erhalten, die natürlich daran interessiert waren, ihren Arbeitsplatz zu erhalten und sich ebenfalls nicht vorstellen konnten, die Firma Waagen Jordan sterben zu lassen. So wie Ruth Lechthaler, die über 40 Jahre hier beschäftigt war und den bis heute Namen gebenden Herrn Jordan noch persönlich kannte. Mittlerweile ist sie zwar in Rente, „doch wenn Not am Mann ist, kann ich auf sie zurückgreifen", sagt Diana Braun. Mit dieser Unterstützung konnte sie sich in die ihr völlig fremde Materie einarbeiten. Nun ist die 40-Jährige nicht nur die einzige Frau in der mittlerweile doch sehr überschaubaren Branche, sondern auch nach 80 Jahren wieder die erste weibliche Geschäftsführerin. Ihre einzige Vorgängerin, Johanna Henriette Disqué, betrieb den Laden von 1926 bis 1937 und war als äußerst sparsam und energisch bekannt.

Auch Diana Braun mangelt es nicht an Energie. Gerade ältere Herren würden ab und an schlucken, wenn sie hörten, dass die resolute Blonde nicht etwa die Assistentin des Chefs, sondern die Chefin selber sei. Glücklicherweise könne sie darüber schmunzeln. Außerdem sei sie schon immer der durchsetzungsfähige Typ gewesen, der mit seinen Aufgaben wachse.

In den 1970er-Jahren sei der Kundenkreis der Frankfurter Waagenfabrik international gewesen. So habe man beispielsweise Unternehmen in Bombay beliefert und die Diamantenbörse in Antwerpen.

Heute habe sich das verändert. Vor allem Krankenhäuser und Labore bestellen hier ihre teilweise extrem empfindlichen Waagen und lassen regelmäßig Wartungen durchführen.

Und nach wie vor gibt es auch Privatkunden, die hier einkaufen. Da müsse sie schon manchmal schmunzeln. Denn die Leute, die den Weg in den kleinen Laden in der Fahrgasse fänden, könnten unterschiedlicher nicht sein. „Unsere Kundschaft ist gemischt", sagt Diana Braun, „um nicht zu sagen, sehr gemischt." Einerseits seien das wirklich alte Herrschaften, die hier schon immer ihre Personen- oder Küchenwaagen gekauft haben. Andererseits sei da ein Kundenkreis, der illuster zu nennen sei und der vielleicht noch mehr als andere auf die Präzision seiner Waagen Wert lege. „Diese Leute kommen hier rein und suchen nach einer Waage, mit der sie Briefmarken oder Münzen wiegen können. Da weiß ich dann sofort, was los ist", erzählt die Geschäftsfrau. „Je nachdem, für welchen Winkelmessbereich sich so jemand interessiert, kann man dann einschätzen, ob es ein größerer oder kleinerer Dealer ist."

Einmal habe einer dieser Kunden das Geschäft betreten, als sich gerade ein älteres Ehepaar nach einer neuen Personenwaage umgeschaut habe. Gleich drei Waagen habe der gekauft. „Ein paar Tage später stand er dann wieder da und bot mir so komische Klumpen an. Irgendwas mit Perser oder Afghane. Ich hätte ihn so toll bedient. Falls ich mal was bräuchte." Sie habe dankend abgelehnt. Und auch die Apfelmarmelade, die er ihr ein paar Wochen später schenkte, rührte sie nicht an: „Man weiß ja nie, was da drin sein könnte", schüttelt sie sich.

Einmal im Jahr stehe auch die Polizei im Laden und bringe sich, die Waagentechnik betreffend, auf den neusten Stand. Und dann gebe es noch die Touristen, die Fotos von dem „fantastic antique shop" machen wollten. Da weiß Diana Braun dann, dass sie sehr gut daran tut, alles so zu belassen, wie es ist, auch wenn viele ihrer Freunde nicht verstehen, wie die Werbekauffrau in diesem antiquierten Ambiente arbeiten könne. Aber gerade das sei es ja, was den Laden ausmache! Seit 1953 hat sich hier nichts verändert, und solange Diana Braun die Geschäfte führt, wird es auch so bleiben. „Ich finde es charmant, dass es in dieser schnelllebigen Stadt noch Orte gibt, an denen seit Jahrzehnten alles beim Alten ist, an denen die Zeit stehen geblieben scheint. Wenn ich morgens die Tür aufschließe, sperre ich die Hektik aus und habe sofort eine Verbindung zu meinem Vater. Das genieße ich und fühle mich pudelwohl", sagt sie und lächelt.

Umbruch im Aufbruch

26 BUCHBINDEREI DILLER

In der Buchbinderei Diller stehen die Handpresse aus dem 19. Jahrhundert und die ultramoderne Digitaldruckmaschine einträchtig nebeneinander. In dem kleinen Familienbetrieb, der seit 1966 besteht, hat man längst erkannt, dass man allein von der Kunst des Buchbindens nicht leben kann. „Wenn mir früher jemand erzählt hat, dass man irgendwann eine Buchbinderei ohne den Einsatz von Computern nicht mehr führen kann, habe ich nur gelacht", erzählt Arnold Diller. „Schließlich geht's bei uns ums Handwerk."

Heute stehen in der Buchbinderei sechs Computer. „Kaum zu glauben", findet der 68-Jährige. „Ich wollte eine ganze Zeit lang nicht wahrhaben, dass man die modernen Medien auch in unserer Branche nutzen muss." Er steht an einer Schneidemaschine und justiert Papierseiten. Es dauert einen Moment, dann schnellt innerhalb von Sekunden das Messer herunter und schneidet den Papierblock, als ob er Butter wäre. Sogar die dicksten Pappen werden hier durchtrennt. Streng genommen ist auch das ein Computer, denn Herr Diller kann über Tasten die genauen Maße des Zuschnitts befehlen. Aber nicht alle Geräte, die in der Buchbinderei in Nied zu finden sind, funktionieren auf Knopfdruck. Viele sind noch handbetrieben oder stammen aus längst vergangenen Zeiten. Manche Werkzeuge tragen so schöne Namen wie Ahle, Stechzirkel oder Falzbein und gehören seit Jahrhunderten nahezu unverändert zur Kunst des Buchbindens.

Ganz besonders stolz ist Arnold Diller auf seine Sammlung alter und uralter Bleisatzlettern, mit denen er seit Jahrzehnten prägt. Er kaufte sie immer dann auf, wenn sich die Gelegenheit dazu ergab. Etwa wenn Druckereien oder Buchbinderkollegen aufgaben. Das war in der jüngsten Vergangenheit recht oft der Fall. In ganz Frankfurt gibt es noch elf Buchbindereien. „Die meisten haben die neue Zeit verpasst", muss der Seniorchef zugeben. Den Spezialisten für alte Bücher hat es nicht getroffen. Auch dank seines Sohnes Axel, der die Buchbinderei Diller für die Zukunft rüstete und sich selbst auf Digitaldruck spezialisierte.

Mittlerweile hat der Betrieb sogar eine eigene Internetseite und nimmt die Aufträge online an. „Viele unserer Kunden bekommen wir überhaupt nicht zu

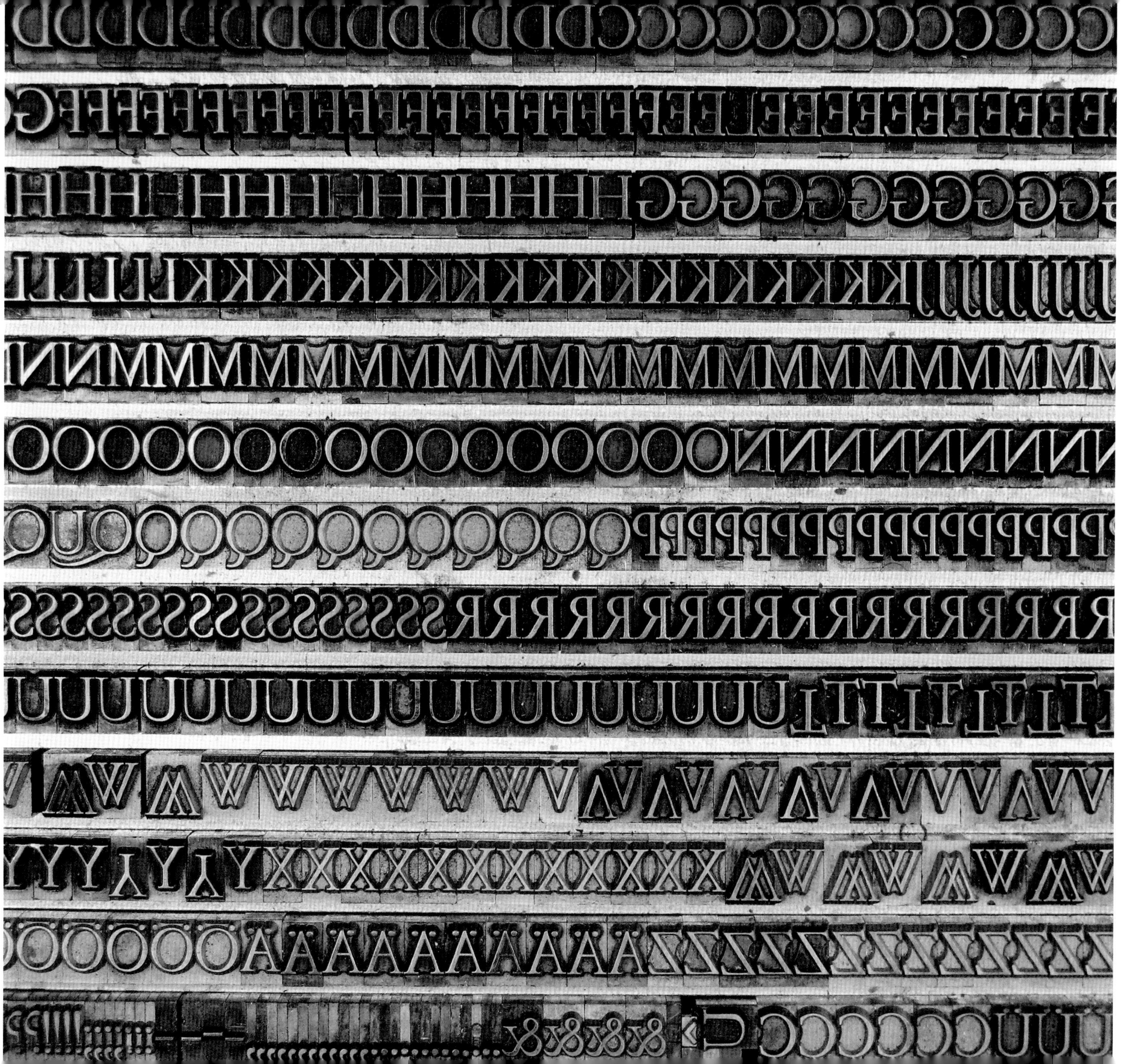

Gesicht, das läuft alles per E-Mail." Man merkt, wirklich geheuer ist Arnold Diller das Ganze noch immer nicht. Hauptverantwortlich für diesen Bereich ist sein Sohn, der sich – nachdem er durch den Konkurs seiner Fluggesellschaft den Job als Triebwerkmanager verloren hatte – beruflich umorientieren musste. „Obwohl ich hier aufgewachsen bin, hatte ich mit dem Handwerk nie etwas am Hut", so der 40-Jährige. Anders als übrigens sein älterer Bruder, der in Berlin eine eigene Buchbinderei betreibt. „Eigentlich komisch, wie unterschiedlich sich Kinder entwickeln", findet der Vater. „Beide waren von klein auf mit in der Werkstatt." Da hatte der alleinerziehende Vater sie besser unter Kontrolle. Später halfen ihm beide, „aber für ganz wenig Geld, damit sie nicht übermütig werden".

Übermütig ist der Sohn bis heute nicht, aber voller Ideen. Und Technikbegeisterung. Deshalb war für ihn klar, dass er, wenn er in den Betrieb des Vaters einsteigt, diese Komponente auch dort einbringen muss. Der Versuch, zusammen zu arbeiten, glückte und ist mittlerweile im fünften Jahr außerordentlich fruchtbar. Aber auch nur, weil keiner dem anderen ins Handwerk respektive in die Technik funkt.

„Der Technik gehört die Zukunft", das findet auch Brigitte Diller, die Ehefrau von Arnold Diller. Obwohl sie ebenfalls gelernte Buchbinderin ist, ist ihr Bereich nun der kaufmännische. „Ich bin raus aus meinem Beruf, aber das ist in Ordnung. Ein Betrieb verträgt keine zwei Meister."

Deshalb hat sich Sohn Axel auch, als er in das Familienunternehmen einstieg, auf die digitalen Drucktechniken spezialisiert. So erweiterte man den Kundenstamm. Gleichzeitig begann er eine Ausbildung zum Buchbinder. Denn er wollte das alte Handwerk dann doch erlernen. Nun steht er kurz vor der Gesellenprüfung.

Ihn reizt die Verbindung der alten Handwerkskunst mit den neuen Medien. „Wie kann man prägen, ohne zu prägen?" Mit dieser Frage beschäftigt sich Axel Diller seit geraumer Zeit. Vor Kurzem hat er die Antwort gefunden. „Ich brauche dazu nicht mehr wie mein Vater eine Prägepresse und für jeden Buchstaben einen eigenen Stempel, sondern kann das relativ leicht mithilfe der neuen Technologien und innerhalb kürzester Zeit machen."

Nur vermarkten müsse er diese bahnbrechende Idee jetzt noch. Denn bislang sei der Diller'sche Betrieb der einzige, der das Verfahren umsetzen könne. „Aber was nützt einem die tollste Erfindung, wenn keiner davon erfährt?", sagt er ganz pragmatisch. Wieder eine Herausforderung, die in nächster Zeit auf Axel Diller wartet.

Währenddessen kümmert sich sein Vater um einen Kunden, der einen großformatigen historischen Atlas in die Werkstatt gebracht hat. Der Höchster Antiquar kommt seit vielen Jahren zu Arnold Diller. Er schätzt dessen Sachverstand, Handwerk und Können. Obwohl er ja im eigentlichen Sinne kein Restaurator sei, sondern ein Leib- und Seelenbuchbinder. „Ich würde nie behaupten, dass ich Bücher restauriere. Ich repariere sie und erhalte alles, was erhaltenswert ist."

Der Buchbinder begutachtet den mitgebrachten Band genau. Auf den ersten Blick scheint es gar nicht so schlimm um ihn bestellt. Doch als er vorsichtig den Einbanddeckel lüftet, kommen die Schäden zum Vorschein. Das Leder ist angeknabbert und einige Seiten sind ebenfalls in Mitleidenschaft gezogen. „Einfach wird das nicht", sagt Arnold Diller. Deswegen komme er ja auch zu ihm, sagt der Antiquar und verabschiedet sich. Ganz ruhig geht der Buchbinder zu dem Schrank, in dem er das Leder aufbewahrt. „Mit Ruhe und Verstand bewirkt der Buchbinder allerhand", sagt er. Und obwohl Arnold Diller noch nicht genau weiß, wie er das Ganze angehen wird, hat er schon ein passendes Einbandleder gefunden. Der Rest wird sich auch noch ergeben – kommt Zeit, kommt Rat.

Im Eingangsbereich wartet derweil ein Kurier ungeduldig auf die eben fertig gewordenen juristischen Fachzeitschriften, die eine der unzähligen Anwaltskanzleien hier hat binden lassen. Zeit hat er keine. So unterschiedlich ticken manchmal am gleichen Ort die Uhren.

Perlen, Pailletten + Straßsteine sind
vom Umtausch ausgeschlossen!

Eine Lebensaufgabe

27 KURZWAREN W. WÄCHTERSHÄUSER

Wie viele Waren sein Angebot umfasst, kann Thomas Schmid gar nicht sagen. „Es werden etwa 40 000 sein", schätzt er. 1998 begann er als Verkäufer bei Kurzwaren W. Wächtershäuser in der Töngesgasse und ist seit 2001 Geschäftsführer. In das Unternehmen kam er 1998 durch seine damalige Lebensgefährtin, Sibylle Zolles, die hier bereits eine Ausbildung machte. Privat und geschäftlich sind die beiden längst getrennt, jedoch steht man in gutem Kontakt. „Die Liebe ist gegangen, der Laden ist geblieben", erzählt Thomas Schmid. So ist das manchmal.
Sibylle Zolles lebt mittlerweile in Wien und führt dort im vierten Bezirk ebenfalls einen alteingesessenen Laden: Alois Frimmel, Zum Alten Knopfkönig, gegründet 1844. Einmal im Monat kommt sie jedoch nach Frankfurt und schaut hier nach dem Rechten.

Während sie vom Fach ist – „ich war 1988 die Erste, die nach über 30 Jahren eine Lehre im Bereich Kurzwaren machte" –, ist Thomas Schmid branchenfremd. Ursprünglich lernte er einen technischen Beruf, aber der lag ihm nicht. Das Kaufmännische war schon eher sein Ding. „Es ist völlig egal, ob Sie Elektrokabel, Knöpfe oder Würste verkaufen, das Prinzip ist immer das gleiche." Und nur weil er einen Kurzwarenladen führe, müsse er noch lange nicht nähen können. Das wiederum können jedoch zwei Mitarbeiter, gelernte Schneider, die der Kundschaft – auch bei diffizileren Fragen – kompetent Rede und Antwort stehen.
Der Charme des Alten umgibt einen im gesamten Laden, und das ist gewollt. Beide, Zolles und Schmid, mögen das. Deshalb veränderten die beiden das Ambiente nur sehr behutsam. „Wir haben neu gestrichen, die Möbel abgelaugt und neu ausgerichtet, aber sonst ist eigentlich alles gleich geblieben." Das sei auch wichtig, sonst verschrecke man die Kundschaft. Und das wäre schade, schließlich existiert W. Wächtershäuser seit 1822 immer an der gleichen Stelle und ist einer der ältesten Einzelhändler in Frankfurt. Zwar wurde das Geschäftshaus im Zweiten Weltkrieg völlig zerstört, nach dem Krieg jedoch an gleicher Stelle wiederaufgebaut. So ist der Standort seit 187 Jahren unverändert.
Kurzwaren. Ein Wort aus einer anderen Zeit, das unromantisch all die schönen Dinge umschreibt, mit denen sich – etwas Geschick vorausgesetzt – individuelle Modeträume verwirklichen lassen. Ebenfalls aus längst vergangenen Tagen stammt die Dekoration an den Wänden: Gobelins, Reklameschilder oder ein ewiger Kalender, der seit Jahrzehnten das richtige Datum zeigt. Und natürlich die Ladeneinrichtung, die zum größten Teil aus den 1950er-Jahren stammt. Die hellbraunen Holzregale, Kommoden und Vitrinen beherbergen Borten, Bänder, Tressen, Reißverschlüsse, Posamenten, Schließen, Nadeln, Organzablüten, Spitzen, Schnittmuster, Perlen, Kordeln, Fransen, Flicken, Futterstoffe, Besätze, Strasssteine und: Knöpfe, Knöpfe und nochmals Knöpfe. Über mehrere Regalmeter zieht sich die Auswahl, fein säuberlich nach Farben sortiert.
„Wir haben ständig etwa 8000 Knöpfe vorrätig, außerdem wechselt die Ware immer zum Frühjahr und Herbst, den aktuellen Modekollektionen entsprechend", sagt Thomas Schmid. Es gibt Knöpfe in allen Farben des Regenbogens, in den unterschiedlichsten For-

men und Größen und noch viel mehr Materialien. Aus Wasserbüffelhorn, aufgesägten Kaurischnecken, Kokosschalen, Steinnuss, aus Plastik, Glas, Metall, Perlmutt, Stoff oder Holz. „Unser exklusivster Knopf ist aus Strass und kostet 30 Euro, der banalste ist ein Bettwäscheknopf und kostet 15 Cent", sagt Sibylle Zolles.
Mindestens genauso verblüffend ist die riesige Auswahl an Garnen, die sich auf großen und kleinen Spulen über eine Länge von fünf Metern an einer Wand entlang präsentieren. 375 Farben sollen es sein. Es gibt Fäden aus Polyester, Seide, Baumwolle, Allesnäher, Knopflochgarne, transparente Garne, Stick- und Stopfgarne, aufgewickelt auf Spulen mit zehn oder 5000 Metern Fadenlänge.
„Eigentlich haben wir keine Konkurrenz", erzählt Thomas Schmid, auch wenn einige der großen Kaufhäuser noch Kurzwarenabteilungen haben. „Wir sehen sie als Mitbewerber, die dafür sorgen, dass man nicht in Lethargie verfällt." Eine Kundin schaut glücklich auf eine Spitzenborte, mit der sie einen Rocksaum verschönern will. „Dieser Laden ist ein Segen", sagt sie, „hier findet man alles, was man zum Nähen braucht. Wirklich alles. Und falls es doch einmal etwas nicht gibt, bemüht man sich, es zu besorgen." Immer wieder entdecke sie Neues. „Ich kann kombinieren, komponieren, genau wie bei einem Kochrezept, nur dass mein Hobby nicht dick macht", sagt sie. Außerdem schätzt sie die tolle Beratung: „Man merkt, dass hier Fachpersonal hinter dem Tresen steht. Die wissen, wovon sie sprechen." Zwei Mitarbeiterinnen sind bereits seit über 20 Jahren beschäftigt, gehören quasi zum Inventar. Auch darauf ist Thomas Schmid stolz, dass der Großteil der Mitarbeiter nach der Geschäftsübernahme blieb.
Während Nähen früher eine lästige Notwendigkeit war, wird es in Zeiten von Kleidungsdiscountern immer mehr zur reizvollen Freizeitbeschäftigung. „Bei uns geht es doch darum, Dinge schöner zu machen. Dafür geben die Leute gerne Geld aus", berichtet Thomas Schmid. „Schon mit wenigen Handgriffen wird so eine Billigbluse zum einzigartigen Designerstück, sei es durch neue Knöpfe oder eine schicke Applikation." Zwar sei ein Großteil der Kundschaft nicht mehr ganz jung, aber seit Hollywoodstars mit Stricknadeln gesehen würden, entdeckten auch die Jüngeren das Handarbeiten wieder, so Thomas Schmid. Und weil auch die älter würden, habe er keine Angst, dass ihm die Kundschaft wegstürbe.
Ihn reizt das Unterfangen, so einen Laden am Leben zu halten, im Geiste der Gründer, aber der heutigen Zeit angepasst. Der Name Wächtershäuser steht für ihn vor allem für ein außergewöhnliches Sortiment, für Tradition, persönliche Beratung und neue Ideen. Auch, wenn die Inhaber schon lange nicht mehr Wächtershäuser heißen, soll das so bleiben.
Thomas Schmid hat in dem Laden seine Lebensaufgabe gefunden, der er sich mit Hingebung widmet. Sein erklärtes Ziel ist es, 2022 das 200-jährige Firmenbestehen zu feiern. Mit ihm als Geschäftsführer.

Selbst die schwersten Fälle haben gute Heilungschancen

28 PUPPENKLINIK FENSTER

Manchmal kommt man erst über Umwege zum Traumberuf. Bei Cristina Fenster war das so. Schon als Kind wollte die heute 58-Jährige Ärztin werden. Doch da sie gemeinsam mit acht Geschwistern aufwuchs und die Eltern nicht allen Kindern ein Studium finanzieren konnten, wurde die Hongkong-Chinesin Bankkauffrau. Der Arbeit wegen kam sie nach Frankfurt – und blieb, obwohl ihr weder Stadt noch Land auf Anhieb zusagten. „Aber wenn man die Liebe findet, verändert sich manches", sagt sie.

Nach der Geburt ihres Sohnes beschloss sie, ihren Beruf aufzugeben. Heute arbeitet sie als Orthopädin, Augenärztin, Internistin, Schönheitschirurgin und Friseurin, so wie sie es sich als Kind immer gewünscht hat. Zwar behandelt sie keine Menschen, doch sind die kleinen Patienten, die bei Frau Fenster landen, für manche Menschen das Liebste, was sie besitzen: ihre Begleiter aus Kindertagen. Puppen mit Haarausfall oder abgeschlagenen Gliedmaßen, gesplitterten Augen, abgebrochenen Zähnen, Teddys, die ihre Stimme verloren haben oder deren Fell heftig abgeliebt ist. Und jeder, der in den vielleicht 30 Quadratmeter kleinen Laden auf der Eckenheimer Landstraße kommt, setzt große Hoffnung in die zierliche Puppendoktorin. Gelernt hat Cristina Fenster das Handwerk von ihren Schwiegereltern, die die Puppenklinik mit angeschlossener Perückenmacherei 1945 in Frankfurt eröffneten.

Von ihnen erfuhr die Asiatin nicht nur, wie sie das Spielzeug historisch einzuordnen hat, sondern auch die wichtigsten Reparaturtechniken. Zuerst schaute sie nur zu, dann durfte sie erste Handgriffe selbst machen. Dabei entwickelte sie so viel Geschick und Liebe für den Beruf, dass sie schnell selbst zu einer begabten Puppendoktorin avancierte, die heute bei Sammlern, Antiquitätenhändlern und in Museen als gefragte Expertin gilt. „Ich bin sehr dankbar, dass ich diese schöne Arbeit machen darf", sagt Cristina Fenster.

Und sie fühle sich sehr geehrt, dass ihre Kunden so großes Vertrauen in sie setzen. Gleichzeitig weiß sie aber auch um die große Verantwortung, die sie trägt. Denn keiner ihrer Patienten ist mit Geld zu ersetzen. Das laste manchmal schwer auf ihren schmalen Schultern. Doch glücklicherweise habe sie bis heute jedem helfen können. „Gott sei Dank", sagt Cristina Fenster.

Nicht selten komme es vor, dass in dem kleinen Laden Tränen fließen. „Gestandene Männer und Frauen kommen mit ihrem beschädigten Liebling zu mir und erzählen, was sie alles mit der Puppe oder dem Kuscheltier erlebt haben und wie sehr sie sich wünschen, dass ich es reparieren kann." Beim Abholen luge dann oft wieder eine Träne aus dem Knopfloch hervor. Aus Dankbarkeit, dass ihr kleiner Liebling mithilfe von Cristina Fensters Geschick genesen konnte. Das geht der Puppendoktorin trotz der vielen Jahre, die sie nun schon in dem Metier arbeitet, jedes Mal aufs Neue zu Herzen.

Sie selbst habe als Kind niemals ein Spielzeug besessen, erzählt Cristina Fenster. Ihre Eltern hätten dafür einfach kein Geld gehabt. „Alles, was sie erwirtschafteten, investierten sie in die Bildung ihrer Kinder", erzählt sie. Dafür sitze sie heute im Paradies, findet Frau Fenster.
Eine ältere Dame betritt den Laden. Sie legt ein Bündel auf den Tresen. Ihre Puppe, die sie für den Transport in Bus und Bahn in ein Geschirrtuch gewickelt hat. Zum Schutz. „Das ist die Erika", sagt die 74-Jährige. 1940 habe sie sie zu Weihnachten geschenkt bekommen und fortan immer gehütet wie ihren Augapfel. Wie durch ein Wunder habe Erika den Krieg unbeschadet überlebt, und auch vor den Enkelkindern habe sie ihr Goldherz schützen können, bis diese aus dem Gröbsten raus gewesen seien, erzählt Gisela Schulz. Und nun, ausgerechnet, habe sich ihr kranker Mann in den Sessel gesetzt, in dem das Puppenkind seit Jahrzehnten residiert, erzählt die Puppenmutter mit bebender Stimme, „hoffentlich können Sie ihr helfen". Cristina Fenster nimmt die kleine Patientin genau unter die Lupe. „Ein sehr schönes Stück aus Zelluloid. Mit der Zeit trocknet der Werkstoff jedoch aus und bricht leicht. Es wird nicht ganz einfach, aber das kriegen wir wieder hin", so ihre Diagnose. Frau Schulz ist selig, will nun nach Kleidung für den Liebling schauen. Denn neben Reparaturen verkauft Cristina Fenster auch Puppen und Zubehör.
„Nein, das machen Sie erst, wenn Erika wieder gesund ist. Dann kann sie die Kleidung auch gleich anprobieren. Mit Schmerzen geht das nicht", sagt die Puppendoktorin. Etwa ein bis zwei Wochen wird es dauern, bis Erika genesen ist. Gisela Schulz verlässt hoffnungsfroh den Laden.
„Bevor ich mit der Behandlung beginne, beruhige ich die Puppe oder das Tier. Ich sage ihnen, dass sie keine Angst haben müssen, dass ich ihnen helfen werde und dass es gar nicht wehtun wird." Sie streichelt über Erikas Gesicht und trägt sie in den hinteren Teil des Ladens, die eigentliche Puppenklinik, wo schon viele andere Puppen, Teddys und Kuscheltiere auf ihre Behandlung warten.
Die enge Werkstatt gleicht selbst einem Puppenhaus. Alles ist auf kleinstem Raum bestens organisiert und sehr ordentlich. Überall stapeln sich Kartons und Kisten. „Bei mir ist das ähnlich wie im Städtebau", sagt Cristina Fenster, „weil die Fläche nicht ausreicht, baue ich in die Höhe." Schillerlocken, Arme,

Zähne, Schuhe, Perücken, Beine, Puppenköpfe, Babyköpfe ohne Haare steht fein säuberlich auf den Kartons geschrieben. Es sind die Ersatzteile, die Cristina Fenster braucht, um zu heilen. Sie zieht eine Schublade aus einem Holzregal, das noch von den Schwiegereltern stammt. Dutzende Augen starren aus dem Dunkel hervor. „Die sind aus Echtglas und mundgeblasen", sagt die Puppendoktorin und verweist auf die wunderschöne, handgemalte Iris. „Fast wie echt. So etwas gibt es heute gar nicht mehr." Sie zieht eine andere Schublade auf. Hier blickt man in blaue, grüne, braune und schwarze Kunst-

stoffaugen und man hat den Eindruck, als schauten sie zurück. Manche sind so klein wie Stecknadelköpfe, andere haben den Durchmesser eines menschlichen Auges. Es gibt Augen mit und ohne Wimpern, Schelmenaugen, Schlafaugen, starre Augen. Die Vielfalt ist verblüffend. „Beim Menschen sind die Augen der Spiegel der Seele, bei einer Puppe bestimmen sie den Ausdruck." Deshalb hütet Cristina Fenster ihr Augensortiment wie einen Schatz. Eine andere Schublade beherbergt Stimmen für Teddys, Schäfchen oder Puppen. Kleine Plastik- oder Pappapparate, teilweise mehr als 100 Jahre alt und mit hohem Sammlerwert.

So gerne sie ihre Arbeit mache, von der Puppenklinik allein könne sie schon lange nicht mehr existieren, sagt Cristina Fenster. Denn die vielen Stunden, die sie bei den meisten Reparaturen aufwenden müsse, könnte sie gar nicht in Rechnung stellen, sonst wäre der Aufenthalt in der Puppenklinik Fenster unbezahlbar. „Doch mir bedeutet die Freude, die ich in den Gesichtern der Besitzer sehe, wenn sie ihr Lieblingsstück abholen, so viel mehr als der eigentliche Lohn", sagt die Puppendoktorin.

Sie hofft sehr, dass vielleicht einmal ihr Sohn, der schon in der Puppenklinik aufwuchs und der sehr viel Geschick für den Beruf habe, in das Familiengeschäft einsteigen wird. Oder aber seine Frau, eine gelernte Krankenschwester. „Sie hätte die besten Voraussetzungen", sinniert Cristina Fenster. Doch Halt – um Himmels willen wolle sie den jungen Leuten nichts aufzwingen, was diese selbst nicht wollten. Zudem mache ihr ihre Arbeit aber auch viel zu viel Spaß, als dass sie sich Gedanken über eine mögliche Nachfolge machen wollte – wenn da die beiden Enkelchen nicht wären, für die sie gerne mehr Zeit hätte.

Doch als Puppendoktorin denkt sie immer an ihre kleinen Patienten, auch wenn Cristina Fenster nicht den hippokratischen Eid geschworen hat.

Mit dem Schirmchen unterm Türmchen

29 SCHIRM RHOTERT

Und eins, und zwei, und drei, und vier, mein Hut, mein Stock, mein Regenschirm ... Dieses Springspiel ist genauso in Vergessenheit geraten wie die Tatsache, dass bei der Garderobe einst Schirm, Hut und Handschuhe aufeinander abgestimmt wurden. „Wer achtet denn heute noch darauf, ob der Regenschutz zum Outfit passt?", fragt Siglinde Fassauer.
Der Schirm ist heute ein Alltagsgegenstand – und gleichzeitig eines der meistvergessenen Dinge überhaupt. Dabei war er früher einmal Herrschaftssymbol. Ein offensichtliches Zeichen von Würde und Macht.
Siglinde Fassauer selbst legt großen Wert darauf, dass ihr äußeres Erscheinungsbild bis ins Detail stimmt. Und da gehört dann auch der Schirm dazu. Selbstredend. Sage und schreibe 15 Modeschirme nennt sie ihr Eigen. Natürlich Stockschirme. „Die haben so schöne Farben und Muster, da wäre es doch schade, wenn ich sie in einer Tasche verstecken würde", sagt die 65-Jährige.
Was zunächst vielleicht wie ein liebenswerter Tick klingt, wird verständlich, wenn man weiß, dass Siglinde Fassauer Inhaberin von Schirm Rhotert am Liebfrauenberg ist, dem letzten Schirmfachgeschäft in Frankfurt.
Die Liebe zum Schirm war auch bei ihr nicht schon immer da, sie wurde entfacht. „Vor meiner Hochzeit hatte ich mit Schirmen nichts am Hut. Das kam erst mit meinem Mann", erinnert sie sich. „Er war der letzte Schirmmachermeister in Frankfurt. Der Beruf wurde dann auch aus der Handwerksrolle gestrichen", erzählt sie. Sie ist zwar gelernte Rechtsanwaltsgehilfin, aber nach der Hochzeit stieg sie in das Geschäft ein. „Das war damals so."
Bis 1968 nähten die Fassauers selbst Schirme. „Damals bekamen wir Gestelle von Knirps." Die Nachfrage sank beständig, bis sich die Eigenschirmproduktion nicht mehr lohnte. Allerdings kann man in dem kleinen Laden an der Liebfrauenkirche bis heute Schirme

Liebfrauenberg
56-54

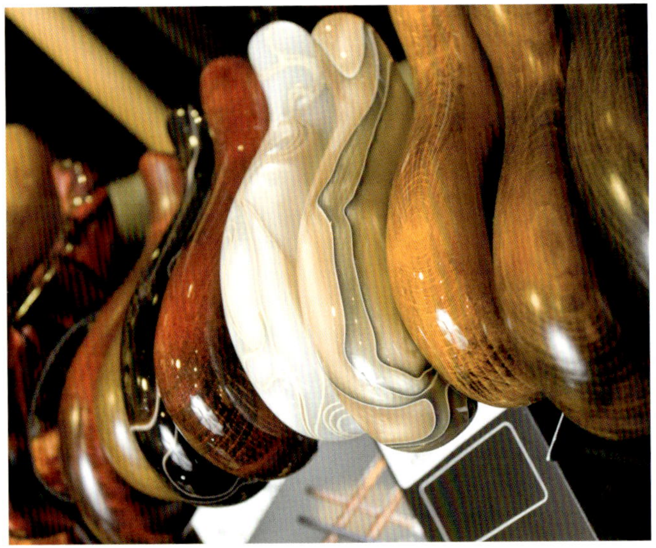

zur Reparatur abgeben. Kleinere Näharbeiten erledigt die Chefin selbst vor Ort, den Rest schickt sie ein.
Trotz der begrenzten Verkaufsfläche ist die Auswahl an Regenschutz verblüffend. Denn glücklicherweise nimmt das Sortiment nicht allzu viel Platz ein. Die Schirme sind an den Wänden aufgereiht, stehen in Ständern, liegen in Kästen und Kisten. Hunderte Schirme. Es gibt Schirme mit Edelholzgriffen, Stockschirme, Taschenschirme, Damen-, Herren-, Kinderschirme, Modeschirme, Golfschirme, Gästeschirme, Familienschirme, einfarbige, geblümte, schlichte, auffällige, mit und ohne Spitze, runde, ovale, aus teflonbeschichteter Kunstfaser, Baumwolle oder Seide.
Und seit Neuestem auch wieder Sonnenschirme, die mit einer speziellen Beschichtung vor den gefährlichen UV-Strahlen schützen: „Seitdem die Sonneneinstrahlung auch in unseren Breitengraden so aggressiv geworden ist, werden die mehr und mehr verlangt."
Doch egal wie groß ihre Auswahl an Regenschirmen auch sein mag, „eigentlich", so weiß Siglinde Fassauer, „eigentlich wollen alle den gleichen Schirm". Er soll winzig klein und federleicht sein, damit er in jede Tasche passt, und wenn er aufgespannt ist, dann soll er stabil sein. Und natürlich riesengroß. „Das Ganze hat leider einen Haken", sagt sie. „Diesen Schirm gibt es nicht." Gemeinsam mit dem Kunden findet sie meist einen Kompromiss. „Das Wichtigste ist doch, dass der Schirm zum Menschen passt!" Diesen zu finden, ist ihr erklärtes Ziel, und für die Beratung nimmt sie sich ausgiebig Zeit. „Die Leute sollen ja Spaß an ihrem Schirm haben."
Schließlich halte ein qualitativ hochwertiger Regenschutz in der Regel ein paar Jahrzehnte. Und wenn nicht ein ganzes Leben, so zumindest ein halbes. „Vorausgesetzt, man behandelt den Schirm gut, er wird nicht nass zusammengefaltet oder irgendwo vergessen." Das bestätigt auch das Rentnerpärchen, das seinen altgedienten

Knirps neu bespannen lassen möchte. Alles möglich bei Schirm Rhotert.
Das Geschäft mit dem Regenschutz sei allerdings schwieriger geworden, seit auch Drogerien und Supermärkte Schirme verkaufen. Der Regenschirm ist heute ein Bedarfsartikel, ebenso wie Handcreme oder das Papiertaschentuch. „Wenn man sich überlegt, dass es in Frankfurt einmal sechs Schirmfachgeschäfte gab und heute nur noch eins übrig geblieben ist, ist das schon erschreckend", gibt Siglinde Fassauer zu bedenken.
Aber auch wenn die Zeiten nicht die einfachsten sind und sie den Laden seit dem Tod ihres Mannes allein weiterführt, ans Aufhören will die Mittsechzigerin noch lange nicht denken. „Zumindest solange die Gesundheit mitspielt." Auch wenn sie dem Laden zuliebe auf vieles verzichtet. Auf Urlaub zum Beispiel. „Der letzte ist jetzt fast neun Jahre her", erinnert sie sich. Doch das scheint ihr nichts auszumachen. Sie steht gerne hinter dem Tresen und liebt es, mitten in der Stadt zu sein. „Hier wird es nie langweilig." Wenn gerade nichts los ist, tritt sie vor die Tür. „Dann bin ich mitten drin im Gewimmel." Gerade blinzelt die Sonne hinter dicken grauen Wolken hervor. Siglinde Fassauer lächelt: „Regen ist besser fürs Geschäft, aber ich mag ja lieber Sonnenschein", verrät sie.

Hier wird auch orthopädischen Figuren geholfen

30 NÄHMASCHINEN SCHMID

Nein, nähen könne er eigentlich nicht, sagt Günter Bergmann, Inhaber der alteingesessenen Firma Nähmaschinen Schmid in der Fahrgasse in Frankfurt. „Ich halte es da wie die Eunuchen", so Bergmann, „theoretisch weiß ich, wie es geht." Dafür könne er aber jede seiner Maschinen erklären. Um sich selbst an die Maschine zu setzen und etwas zu fertigen, fehle ihm schlicht die Geduld. Einmal im Leben habe er sich einen Bademantel genäht. „Der müsste mir wieder passen. Ich habe nämlich 20 Kilo abgenommen", sagt er stolz. „Den könnte ich eigentlich wieder ausgraben, wenn ihn die Motten nicht aufgefressen haben", überlegt er.

Günter Bergmann hat andere Hobbys. Seit seiner frühsten Jugend macht er Karate. Außerdem sammelt der gelernte Büromaschinenmechaniker alte Nähmaschinen. Jedoch nicht obsessiv, wie er sagt. „Ich kaufe die nicht, ich kriege manchmal eine geschenkt." So hat er im Laufe der Zeit 20 Stück zusammengetragen. Die restauriert er mit viel Geduld und Liebe zum Detail in der dem Laden angeschlossenen Werkstatt, in der auch die Kundennähmaschinen repariert werden. „Die Mechanik fasziniert mich und hat mir schon als junger Mann Spaß gemacht."

Neben dem Geschäft in Frankfurt hat der 59-Jährige auch noch einen Laden in Hanau, das Nähzentrum Bergmann. Gegründet wurde es vor mittlerweile 50 Jahren von seinem Vater. Eigentlich sei der ja Lebensmittelkaufmann gewesen und habe seiner Frau eines Tages eine Nähmaschine mit nach Hause gebracht. Allerdings die falsche. Um die wieder loszuwerden, habe der Vater sie in der Zeitung annonciert, worauf sich gleich fünf verschiedene Interessenten meldeten. „Da hatte mein Vater die Idee, Nähmaschinen zu verkaufen."

Aus der Idee wurde 1959 ein Geschäft: Zunächst bot man die Geräte von Tür zu Tür an. Transportiert wurden sie mit Miele-Moped samt Anhänger. Dann wurde der Laden in Hanau eröffnet, dem Filialen in Friedberg, Offenbach, Schlüchtern und Gelnhausen folgten. „Frankfurt kam erst vor elf Jahren dazu, aber die Filialen gibt es nicht mehr." Günter Bergmann, der jahrelang die mittlerweile aufgelöste Nähmaschinenabteilung der Firma Thöt leitete, übernahm damals den Laden von Herrn Schmid, und weil das Geschäft schon seit Jahrzehnten unter dem Namen bei der Kundschaft eingeführt war, blieb es dabei. Für manche Kunden sei er entsprechend auch der Herr Schmid und nicht der Herr Bergmann, „aber da gibt es weiß Gott Schlimmeres", sagt er.

SINGER
LM

Von den 30 Nähmaschinenläden, die es einst in Frankfurt gab, ist die Firma Nähmaschinen Schmid als letzte übrig geblieben. Selbst wenn Günter Bergmann irgendwann einmal keine Lust mehr hat, wird es weitergehen. Sein Sohn Alexander arbeitet bereits mit im Betrieb. „Aber noch sind alle froh, dass ich da bin", sagt der Seniorchef. Er selbst scheint ebenfalls keine Anstalten zu machen, sich zurückzuziehen. Warum auch? Die Arbeit und der tägliche Kontakt mit den Kunden machen dem 59-Jährigen sichtlich Spaß. „Ich habe einfach gerne mit Menschen zu tun, ich beobachte gern und komme sehr gern mit Leuten ins Gespräch", erzählt Bergmann. Da sei der Einzelhandel der perfekte Arbeitsort. „Zu mir hat mal einer gesagt, dass ich nicht beerdigt, sondern ausgestopft und im Nähmaschinenmuseum ausgestellt werde. Als letzter seiner Art", sagt Günter Bergmann und lacht. Gleichzeitig bedauert er, dass im Einzelhandel die Freundlichkeit in den vergangenen Jahren oft auf der Strecke geblieben sei: „Es ist alles so verbissen. Die Leute sind nur noch auf Profit aus und haben darüber das Lachen verlernt."

Natürlich, in der heutigen Zeit müsse jeder rechnen, so Bergmann. Aber dass man so selten ein lächelndes Gesicht sehe, sei schade. „Die Leute haben zu kämpfen, das ist klar, und Unternehmen wie wir, die noch von der Familie betrieben werden, sterben aus." Auch wenn er es natürlich bedaure, dass die anderen Nähmaschinengeschäfte aufgeben mussten, habe dies dem eigenen Geschäft nicht geschadet. Im Gegenteil. Deshalb könne und wolle er sich auch nicht beklagen, so Bergmann.

Zu seinen Kunden zählen neben Hobbyschneidern, Änderungsschneidereien und Wäschereien auch die beiden ansässigen Modeschulen, die Städtischen Bühnen und Kunden mit „orthopädischen Figuren", erzählt Bergmann. „Das sind Leute, die tragen obenrum Größe 52 und unten 38 oder umgekehrt. Was wollen Sie denn machen? Von der Stange gibt es für die nichts, und Abnehmen hilft auch nicht. Da kann man eigentlich nur selbst nähen. Oder man läuft nackt herum." Aber das mache ja niemand.

Es sind also schon lange nicht mehr die Omas, die ihre Enkel mit Selbstgenähtem erfreuen. Das Nähen habe sich zudem zu einem respektablen Hobby gemausert, weiß Günter Bergmann. „Einfach geradeaus näht heute kaum

noch jemand. Die Freizeitschneider stellen extrem hohe Anforderungen an ihre Maschinen. Die wollen sticken, patchworken und vieles mehr." Ein paar Millionen Muster gebe es, so Günter Bergmann. „Vom Arschgeweih bis zum Indianer ist alles dabei. Es ist schon manchmal verrückt, wenn man das so sieht", wundert er sich.

Damals, als sein Vater angefangen habe, mussten die Leute nähen, um etwas zum Anziehen zu haben. „Heute muss eigentlich keiner mehr eine Hose anziehen, die kaputt ist, und jemand, der arm ist, kann es sich nicht mehr leisten zu nähen. Das Zubehör und alles zusammen kostet mehr als ein billiges neues Kleidungsstück", sagt Günter Bergmann.

Neben den Nähmaschinen hat er für seine Kundschaft auch verschiedene Garne, Knöpfe, Reißverschlüsse und Scheren im Sortiment und arbeitet eng mit anderen Frankfurter Unternehmen zusammen, die ihren Schwerpunkt ebenfalls im Bereich Schneidern und Nähen haben. Zudem ist da noch der Reparaturservice, den hauptsächlich der 34-jährige Sohn betreut. Alexander Bergmann hat ursprünglich eine Lehre als Automechaniker gemacht. Doch dann habe das Interesse an der Autoschrauberei nachgelassen.

Von klein auf sei er mit im Laden gewesen. „Ich war der Angestelltenschreck", erzählt er. Er findet es schön, die Familientradition, die auf seinen Großvater zurückgeht, fortzuführen. „Ich sehe die Zukunft positiv, auch wenn es im Verkauf immer ein Kampf ist." Sein Kapital sieht er in seiner Werkzeugtasche. „Vielleicht mache ich irgendwann den Laden dicht und biete einen Vor-Ort-Reparaturservice an." Drei Reparaturen brauche er täglich, um über die Runden zu kommen. Das hat er schon mal durchgerechnet. Und dann sei da noch ein Bekannter, der auf den Philippinen lebe und ihn immer wieder locke. „Da gibt es angeblich so viele alte Nähmaschinen, dass ich mir eine goldene Nase verdienen könnte", erzählt Alexander Bergmann. Wenn er denn wollte. Will er aber nicht. „Dort heißt es immer ‚mañana, mañana. Komme ich heute nicht, komme ich morgen'. Das ist einfach nicht meine Mentalität." Da ist ihm die deutsche Pünktlichkeit lieber. Schließlich sei es seit Jahrzehnten ein Anliegen der Firma Nähmaschinen Schmid, Reparaturen termingerecht zu erledigen. Und so soll es doch bitte schön auch bleiben.

INHALT